小学校体育指導スキル大全

授業力アップのための必須スキルを**71本収録！**

木下光正 編著

明治図書

はじめに

■「体育授業と学級経営」どちらが先？

「体育授業が上手な先生は学級経営が上手い」という話を体育の研究会ではよく聞きます。では，「学級経営が上手な先生は，どの教科の指導も上手くいくことが多い」とは言えないのでしょうか？

私は，常々「どちらも正解だー！」と思っています。

中学校や高等学校は，教科は専科です。担任はいても，授業経営を担うのは各教科の教師です。ですから，授業経営の善し悪しが，そのまま授業に反映されます。中学校や高等学校の保健体育科の教師は教科内容や指導法の知識についてはプロのはずです。しかし，授業が上手くいくとは限りません。

生徒同士があたたかい雰囲気だったり，教師と生徒との間に信頼関係があったりする授業は，生徒も意欲的に学習に取り組み，成果も上がっています。反対の場合は……。

小学校は，中学校や高等学校以上に教師と子どもの関係性の密度が濃く，それが各教科の授業にも反映されます。また，教科の授業経営がよければ学級経営に反映されます。ですから，「どちらも正解だー！」ということになります。

■体育のスキル向上を！

充実したクラスづくりや授業づくりには，豊かな経験も必要です。経験を通して能力や技能も高まります。

しかし，目の前の子どもたちを変えるには，悠長なことは言っていられません。明日から，「クラスを変える」「授業を変える」能力や技能が必要です。つまり，

スキル向上が必要です。
　体育でも様々なスキル向上が求められます。

> ○集まる時間を短くするには……
> ○前転で起き上がるのが上手くいかないときには……
> ○バトンパスを上手にするには……
> ○体力・運動能力テストの記録向上には……
> ○楽しい運動会にするには……　　　　　　　　　　　　　　等々

　本書は，体育の授業開きの秘密，無駄・無理のない授業マネジメント，「困った子・気になる子」へのメンタル面や技能習得への対応，体力・運動能力テストの役立て方，運動会を盛り上げる工夫など，様々な体育スキルの向上に役立ちます。

何故？？？？

POINT

❶知りたいこと，知っておきたいこと，満載‼
　☞誰もが知っておきたい71のスキル
❷ビジュアル＆コンパクト
　☞見開き２ページの解説と絵や写真ですぐわかる
❸明日の授業にすぐ役立つ
　☞困ったところをすぐチェックできる
❹最高の執筆メンバー
　☞日本の超一流の体育授業・経営の先生が執筆

2019年３月

木下　光正

Contents

はじめに 2

Chapter 1 体育授業が上手くいくヒント

❶体育授業が上手くいくための心構え -------------------------------------- 10
❷体育授業が上手くいくための教師力 -------------------------------------- 12

Chapter 2 体育授業の指導スキル71

準備・片付け

❶仕事が早くなる教師の準備スキル -------------------------------------- 16
❷子どもがすぐに動ける指示スキル -------------------------------------- 18
❸子どもがわかりやすい説明スキル -------------------------------------- 20
❹校庭：素早いライン引きスキル -------------------------------------- 22
❺校庭：早い！簡単！便利！マーク付けスキル -------------------------- 24
❻体育館：パッとわかるマーク付けスキル -------------------------------- 26
❼体育館：安全で早いライン活用スキル -------------------------------- 28
❽プール：早くてわかりやすいナンバリングスキル ---------------------- 30

指示・説明

❾授業開き：授業がスムーズになる体育ルールスキル -------------------- 32
❿授業開き：全員が見渡せる並び方スキル -------------------------------- 34
⓫集まる時間がどんどん短くなるカウントスキル -------------------------- 36
⓬どうしても集まるのが遅い子への対応スキル -------------------------- 38
⓭運動のイメージをつかませるＩＣＴ活用スキル -------------------------- 40
⓮学習内容に焦点を当てる学習カード・ノートスキル -------------------- 42

場づくり

- ⓯ マット：学び合いと教師の見取りに効果的な配置スキル ---------------- 44
- ⓰ とび箱：安全で見取りやすい無駄のない配置スキル -------------------- 46
- ⓱ 幅とび：たくさんとべて安全なゴム張りスキル ------------------------ 48
- ⓲ 高とび：はさみとびが苦手な子への恐怖やわらげスキル --------------- 50
- ⓳ ティーボール：事故を起こさない場とルールづくりスキル ------------ 52
- ⓴ 水泳：十分な運動時間を確保するマネジメントスキル ---------------- 54

仲間づくり

- ㉑ 自信をもたせ，意欲を高める教師のほめ方スキル ---------------------- 56
- ㉒ 意図的に関わらせて子ども同士の認め合いを生むスキル -------------- 58
- ㉓ 仲間はずれを防ぎ学ぶ目的と技能差を意識させるスキル -------------- 60
- ㉔ チームの一体感をもたせる儀式スキル ---------------------------------- 62
- ㉕ 負けているチーム向け教師の支援・言葉かけスキル ------------------- 64
- ㉖ 勝敗にこだわらせない状況づくりスキル ---------------------------- 66

評　価

- ㉗ 子どものやる気を引き出す個人記録スキル ------------------------------ 68
- ㉘ チームが，学級が一つになるチーム記録スキル ---------------------- 70
- ㉙ 記録が残る・振り返る学習カード活用スキル ---------------------- 72
- ㉚ 簡単に続けられ，指導に役立つ即時評価グッズスキル ---------------- 74
- ㉛ ぐんぐん技能を伸ばす教師の声かけスキル ---------------------- 76

体つくり

㉜馬とび：怖がってとばない子への指導スキル ------------------------------ 78
㉝折り返しの運動：楽しく運動させるスキル ------------------------------ 80
㉞短なわ前とび：一回旋二跳躍の修正スキル ------------------------------ 82
㉟短なわ後ろとび：腕を開いてとんでしまう子への緊張解消スキル ---- 84
㊱短なわ二重とび：何とかとべるようになる腰抜け指導スキル --------- 86
㊲長なわ８の字とび：なわに入れない子をとばすスキル ----------------- 88

器　械

㊳マット前転：起き上がりが上手にできない子への指導スキル --------- 90
㊴マット後転：勢いがなくまわれない子への指導スキル ----------------- 92
㊵マット開脚前転：膝が曲がる子への指導スキル ------------------------ 94
㊶マット側方倒立回転：体が斜めになる子への指導スキル -------------- 96
㊷とび箱開脚とび：手で押して止まってしまう子への指導スキル ------ 98
㊸とび箱台上前転：頭頂を着いて倒れる子への指導スキル -------------- 100
㊹鉄棒逆上がり：体を反らしてしまう子への指導スキル ----------------- 102
㊺鉄棒膝かけ後ろまわり：振り足が離れて
　まわれない子への指導スキル -- 104

陸　上

㊻走る：速く走れるようになるスタート指導スキル ----------------------- 106
㊼リレー：スピードにのったバトンパスが
　できるようになる指導スキル -- 108
㊽ハードル：コースが見付からず高くとぶ子への指導スキル ------------ 110

㊾走り幅とび：片足踏切，両足着地が
　上手くできない子への指導スキル -------------------------------- 112
㊿高とび：ゴムから遠い片足踏切が身に付く指導スキル ----------------- 114

水　泳
㉛浮き方・顔つけ：浮くのを怖がる子への指導スキル -------------------- 116
㉜クロール：バタ足が進まない子への指導スキル ----------------------- 118
㉝クロール：息継ぎが上手くいかない子への指導スキル ----------------- 120
㉞平泳ぎ：カエル足が上手くできない子への指導スキル ----------------- 122

ボールゲーム
㉟ボールの投げ方：遠くに投げられない子への指導スキル --------------- 124
㊱ボールキャッチ：上手く捕れない子への指導スキル -------------------- 126
㊲ゴール型：ボールを持たないときに動けない子への指導スキル ------ 128
㊳ゴール型：シュートを打てるのに打たない子への指導スキル --------- 130
㊴ゴール型：上手くけれない子への指導スキル ------------------------- 132
㊵ネット型：ボールの落下点に上手く動けない子への指導スキル ------ 134
㊶ネット型：アタックが上手く打てない子への指導スキル -------------- 136
㊷ベースボール型：バットで上手く打てない子への指導スキル --------- 138
㊸ベースボール型：どこに投げてよいか
　わからない子への指導スキル --------------------------------------- 140

表　現

(64)表現：恥ずかしさ軽減スキル ---------- 142
(65)リズムダンス：不器用な子への指導スキル ---------- 144

体力テスト

(66)ベスト記録が出る準備スキル ---------- 146
(67)子どもにやる気と体力をつけるスキル ---------- 148

運動会

(68)クラス団結スキル ---------- 150
(69)応援盛り上げスキル ---------- 152
(70)種目盛り上げスキル ---------- 154
(71)保護者を喜ばせるスキル ---------- 156

Chapter 1

体育授業が上手くいくヒント

1

体育授業が上手くいくための心構え

> **POINT**
> ❶「先生，またやろう！」の声が聞こえる授業を目指そう
> ❷学年最初の授業に力を入れよう

①「先生，またやろう！」の声が聞こえる授業を目指そう

　子どもは達成感や受容感，活動の満足感，知的好奇心の充足感などを実感したときに，「先生，またやろう！」と声を上げます。こうした思いをもたせるためには，教師の資質・能力の向上が欠かせません。教師はアクティブ・ラーナーであるべきですし，教師力の向上を目指すことは当然です。

　嬉しいことに多くの子は体育が好きという様々なデータがあります。しかし，学年や校種が上がるにつれ，その割合が減っていくことも事実です。ですから，好きになるきっかけづくりや嫌いにさせないための指導スキルを身に付け，教師力を磨くことが必要です。

　しかし，残念ながら小学校教師は忙しすぎます。ほとんど全ての教科・領域を日々授業するだけでなく，生活，保健などの学級活動を指導し，運動会をはじめとする校内行事や宿泊を伴う校外行事などをこなさなければなりません。「仕事だから仕方ない」とも言えますが，じっくりと教材研究に取り組み，日々の授業の充実を図ることはなかなかできないのが現実でしょう。

　それでも，「先生，またやろう！」という声を子どもから聞きたいですね。教師ならば当然の願いとも言えます。

　そこで，断片的なスキルでもよいので，身に付け，授業で活用していくことが望まれます。

②学年最初の授業に力を入れよう

　「今年のクラスは持ち上がりですか？」と先生方に尋ねると，「いいえ」という返事がほぼ全員から返ってきます。どこの都道府県でも……。
　つまり，1年契約で結果を出すことが要求されるわけです。
　筆者は1年生の水泳の授業は，「顔つけが命」と，どこの学校に伺っても伝えています。当たり前ですが，「顔つけ」ができなければ，浮くことも，潜ることもできません。当然，その後の授業の行方は推して知るべし……ということになります。
　こうしたことと同様，学年最初の授業が何より大切です。最初の3～4回の授業で1年間の体育授業の成否が決まると言っても過言ではありません。3～4回の授業で，体育学習の約束づくり，運動実態の把握，班決めをして，「今年の体育授業，なんだかおもしろそう」と，感じさせることが大切です。
　子どもが魅力を感じられるために，「どんな教材で？」「どのようにしたら？」という内容と方法がわかっていれば，何も心配ありません。
　それが「よくわからない？」という場合に本書が役立ちます。
　本書に示されている，「集合場所・隊形」「並びっこ」「折り返し」「ボールの壁ぶつけ」＋「態度評価」というセットが1年間の授業につながります。こうした内容や教材，評価を通して，技能把握と基礎感覚の向上，態度把握と関係性の向上，そしてマネジメント力の向上という，教師力のアップと子どもの満足感の充足，感覚づくりができます。
　是非，少しずつスキルアップしていきましょう！

（木下　光正）

2

体育授業が上手くいくための教師力

> **POINT**
> ❶子どもを体育好きにしよう
> ❷スキルを身に付け教師力を高めよう

①子どもを体育好きにしよう

　「情熱」「愛情」，これは体育でなくとも，誰しももたなければならない資質でしょう。学び続ける姿勢など，人間としての魅力を高める人間力も同様です。では，体育の教師力とは何でしょう。

　体育の教師力は，体育授業を通して運動・スポーツを好きにさせることができる教師の資質・能力です。運動・スポーツに価値を見出し，運動・スポーツを楽しめる子どもを育てることが体育のゴールだからです。

　また，知識や経験を通して身に付いた体育指導に関する能力がスキルです。このスキルはテクニカルな面だけでなく，コミュニケーションなどのヒューマンスキルや知識と結び付けて論理的に考えたりする能力も含んでいます。

　ですから，多くのスキルを身に付けて教師力を高め，好きになるきっかけづくりをすることが何より大切です。子どもは，以下の4点を授業で望んでいます。

①できるようになったり，上手になったりすること。
②どうすればできるか「ナルホド」とわかったり，考えたりすること。
③仲間と仲良く活動できること。
④いっぱい動けること。

授業でこの４点が保障できれば，子どもは体育を好きになってくれます。では，体育の教師力を高めるために必要とされ，身に付けるべきスキルは何でしょう。

②スキルを身に付け教師力を高めよう

■授業マネジメント力

　体育は他の教科よりもはるかに無駄な時間が生まれやすい教科です。グラウンドでの集合・移動，とび箱・ボールなどの準備片付け，授業前の教師のライン引き等々，時間があっという間に過ぎる場面があります。こうした無駄な時間が多ければ，運動時間を確保できず，満足感は生まれません。無理なく，無駄なくするには，約束づくりや効率的な方法理解が必要です。

■プレゼン力―説明・指示能力―

　平成29年版学習指導要領では，表現力の育成が求められています。教師も同様です。教師が長い話をしていると，子どもは下を向き，遊び始めます。短時間でわかりやすく，的確な説明・指示ができるよう，モデルの子の提示やICT活用をするなどのプレゼン力が必要です。

■運動観察力・つまずきへの対応力

　できない子は，体育が苦手です。「できる」ためには，ポイントを理解して取り組まなくてはなりません。運動観察場面をつくることで，子どもの運動観察力が高まります。子どもだけでなく，教師が指導する運動のポイントを理解していることは，当たり前ですが必要なことです。社会や理科を指導するときに，基本的な知識が身に付いていなければ困りますね。それと同じです。また，「この子は，ここが上手くいっていない」と見抜く，観察力が教師には必要です。観察力はモデルとして見せたい子を選ぶ際にも必要となります。こうした運動観察力は，自身の実技能力以上に大切な力です。さらに，つまずきに対処するには，具体的な方法や的確なアドバイスができる知識・能力が必要となります。

■人間関係構築力

　体育は,「教師と子ども」「子ども同士」の関係を構築できる力が他の教科以上に求められます。授業中,仲間に文句を言ったり,ケンカしてばかりでは授業成果は生まれません。仲間への応援,励まし,拍手やポイントを相手に伝えるなどの「肯定的な雰囲気」が生まれるよう努力する必要があります。

　子どもとの関係づくりには,称賛,共感などの働きかけが求められます。また,子ども同士の関係づくりには「あなたのお陰で,あの子は上手くなったね」などの評価やゲームなどではチームの一体感を高める「儀式」の方法などを伝えることが必要です。このような人間関係を構築する力が求められます。

■授業設計力

　よい授業を行うには,魅力ある教材づくりができる授業設計力が要求されます。しかし,残念ながら魅力ある教材づくりは一朝一夕ではできないことも事実です。そのヒント満載なのが本書です。

　また,運動学習で階段を3段とばしのように進めれば,できない子が多くなり体育から離れていってしまいます。例えば,後方にまわる,体を引き上げるなどの感覚が身に付いていない状態で「逆上がり」を行えば,「できない,イヤだ」となることは間違いないでしょう。同様に,投捕の学習をせずにいきなりドッジボールを行うことも体育好きを減らす要因となります。ですから,こうしたステップの踏み方に関しても知識が必要です。

　是非,運動・スポーツ好きの子どもを育てる教師力を磨き,高めましょう。本書には教師力を高める様々なスキルが示されています。

(木下　光正)

Chapter 2

体育授業の指導スキル71

準備・片付け

仕事が早くなる教師の準備スキル

POINT
❶ グッズ・用具は全てカゴに入れる
❷ 便利なグッズを揃えておく

① グッズ・用具は全てカゴに入れる

　体育では，教師が使用するグッズが多くあり，校庭や体育館等へ常に持ち運ばなければなりません。しかし，授業開始前の短い休み時間に必要なグッズを確認・準備することは至難の業ですし，効率的ではありません。場合によっては，グッズを探している間に授業が始まってしまったり，グッズが見付からず授業で使えなかったりすることもあるでしょう。

　こうした準備等の無駄な時間を省き，すぐに持ち運びができる工夫を紹介します。

①カゴ（市販の物：縦45㎝×縦30㎝×高さ25㎝程度）を用意する。

②いつも使うグッズ（記録簿・太鼓等）をカゴに入れ，教室や職員室等の持ち運びやすい場所に置く＝忘れないし，すぐに運べる。

③単元によって異なる用具（例えば，ゴムとび用のゴム，リレー用のバトンやストップウォッチ，短なわ，長なわ等）も同様にカゴに入れ，決めた場所に置く＝教師が毎回準備しなくとも，子どもが準備できる。

　授業に必要なグッズの準備時間を短くする工夫をすることで，運動学習の時間が確保できますし，先生も楽になります。ただし，③は学年・校内でのコンセンサスが必要です（同じものを同じ数だけ使えば問題ないのですが）。

記録ノート，太鼓，ストップウォッチをカゴにまとめる。

長なわとびの記録

月日時	12月1日 第1時	12月5日 第2時	12月7日 第3時	12月15日 第6時	1月11日 第7時	1月12日 第8時
内容	郵便屋さん	郵便屋さん	郵便屋さん	くぐりぬけ	0の字とび	0の字とび	0の字とび
番号						
1	3	8	12	○	◎	◎	◎
2	5	10	16	◎	◎	◎	◎
3	7	15	23	◎	◎	◎	◎
4	見	5	10	○	◎	◎	◎
5	△	3	8	△	△	○	◎

◎…1人でできた ○…補助でできた △…できない 見…見学 数字…回数

【記録ノート】
子どもの記録をその場で記入することができる。

【太鼓】
運動のリズムをきざむことができる。

【ストップウォッチ】
様々な単元で使うことができる。

②便利なグッズを揃えておく

■記録ノート
　教師用の記録ノートを用意することで，技能の伸びや記録をその場で記入することができます。

■太鼓
　太鼓は，教師がねらう運動のリズムをきざむことができます。また，太鼓を叩きながら子どもたちに声をかけたり，ポイント指導を行ったりできます。

■ストップウォッチ
　ストップウォッチは，様々な単元で使用します。陸上（記録），ゲーム（計時），体つくり運動（長なわとびの制限時間）等，様々な単元で必要になるので，常に準備しておくと便利です。

（萩原　雄磨）

準備・片付け

子どもがすぐに動ける指示スキル

POINT
❶ 場の設定を考え，役割分担を明確にする
❷ 子どもたちのお手本を見せてから全体を動かす

① 場の設定を考え，役割分担を明確にする

■場の設定を計画する

　単元前に，教師は場の設定について，「誰が・何を・どこに・いくつ・どのように」準備するのかを考えることが大切です。そうすることで，1回目の授業で，子どもたちに明確な指示を出すことができ，その後の授業を効率的に進めることができます。特に，とび箱・マットについては，用具の数によりますが，1グループあたり3～4人とし，6か所または8か所（偶数がよい）の場を設定すると，準備がしやすく，さらには運動量も確保できます。

■役割分担を明確にする

　用具を「誰が・何を・どこに・いくつ・どのように」準備・片付けをするのか等，役割を明確にします。例えば，とび箱は，「各班の1・2列目の人が1段目を準備する」「3・4列目の人が下の段を用意する」「最後にマットを全員で用意する」等を決めます。また，ゲームでは，「ゼッケン係」「得点板係」「カラーコーン係」「フラフープ係」「トラバー係」等をチームで決めます。役割を決めることで，一人一人が準備や片付けを確実に行うことができます。体育館では，黒板にとび箱やマットの配置図を描いておくことも一つの工夫です。

役割分担をしっかり決めておくと，全員が責任をもって準備・片付けができる。

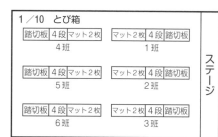
とび箱の配置図を黒板に描くと子どもたちが一目で理解できる。

一つの班をお手本に，全体でとび箱の置き方等を確認する。

お手本を見て，確認した後に指示を出し，全員で準備をする。

②子どもたちのお手本を見せてから全体を動かす

■子どもたちのお手本を見せる

　単元最初は一つの班をお手本に，準備の仕方を全体で確認します。ここでは，役割分担の確認や用具の持ち方，運び方等，安全に関する約束事をしっかりと説明します。確認後に全体を動かすようにすると効率的に準備ができます。準備の際は，子どもの位置と用具の置いてある位置との距離を考慮し，遠い班から２班ずつ移動させて，準備させるような配慮も必要です。安全かつ丁寧に準備できるように，いくつかの班が準備している間は，他の班を待たせる場合もあります。単元半ばから後半になると，四つの班ずつ準備させたり，目標時間を設定したりすることで，より効率よく準備ができるようになります。片付けの指示も準備のさせ方と同様に行います。　　　　（萩原　雄麿）

準備・片付け

子どもがわかりやすい説明スキル

POINT
❶話を聞くときの約束を決め,短く,明確に説明する
❷子どもの立場に立って,集め方や話し方を工夫する

①話を聞くときの約束を決め,短く,明確に説明する

■話を聞くときの約束
　体育の授業では,教室の授業とは異なり,空間的な広がりや太陽による眩しさ,砂いじりができる等,子どもたちの集中を妨げる環境要因が多くあります。教師の説明をしっかりと聞き,短時間で理解できるように,「体育座りで話を聞く」「目とおへそを先生に向ける」の二つを守らせることが大切です。

■短く,明確に説明する
　説明の話が長くなると,子どもたちの運動時間が短くなり,意欲が下がります。単元のはじめは,安全面の指導や約束事を確認するために,説明する場面が多くなりますが,単元が進むにつれて,短くなるようにしていきます。
　1時間に3回を目安に,以下の内容を短く,明確に説明しましょう。
①はじめ…課題の確認・行い方の説明・安全面の説明・ポイントの説明等。
②なか……課題の追加・行い方の確認・ポイントの確認・よい関わりの紹介等。
③おわり…課題に対する評価・次の時間の課題・振り返り等。
　特に,動きの説明をする際は,言葉だけでは理解できないので,実際の動き(示範・友達のお手本)を見せながら話すことが重要です。

話を聞くときは,「体育座りで聞く」「目とおへそを先生に向ける」。

ゲームの行い方について,実際に動きを見せながら説明する。

運動のポイントを子どもに気付かせながら確認していく。

補助等,仲間とのよい関わりを紹介する。

②子どもの立場に立って,集め方や話し方を工夫する

■子どもが集中できる状況をつくる

　教師が太陽に向くことで,子どもは太陽を背にできます。その結果,眩しくなく,顔をしっかりと上げて話を聞くことができます。

■子どもの目線で話す

　教師が立って話をすると,座っている子は下を向きがちです。これでは教師の言葉は伝わりません。教師もしゃがんで子どもの目線になることで,一人一人の目を見て,表情等を確認しながら話すことができます。

■よく聞いている子やグループを「ほめて」「認めて」「広げる」

　話を聞いている子やグループを具体的にほめ,認めることで,話を聞くためのよい態度を広めることができます。

（萩原　雄麿）

準備・片付け

校庭：素早いライン引きスキル

POINT
❶目標物を決めて，ラインカーを引く
❷自分の歩幅と歩数を利用して引く

①目標物を決めて，ラインカーを引く

■直線の引き方

ラインを引く延長線上に目標物を定め，片手で引きながら，目標物に向かって歩きます。目標物は，木・窓・タイヤ等にし，視線を固定します。目線を目標物に向け，そらさず，歩いていくと真っ直ぐ引けるようになります。ラインカーを前に押すと曲がりやすく，後ろを向いて両手で引くと時間がかかるため，前を向いて引くことが大切です。

■円の描き方

コートに円を描くとき，棒にヒモを付けて引く方法がありますが，日々の授業のなかで使用する円は，おおよそ同じくらいの大きさです。

そこで，短時間で円を引くことができる「4点を決めてつなげる方法」を紹介します。

まず，小さな円(直径2m程度)の描き方ですが，円の中心に軸足を決め，1歩のところに四つの点を付けます。中心を見ながら，4点をつなげて完成です。

大きな円を描くときは，中心から，2〜3歩のところに四つの点を付けます。

円をイメージしながら，四つの点をつなげると，きれいに円を引くことができます。

ラインカーは引いて歩く。　　中心点・歩数で4点を決める。4点をつなぐ。

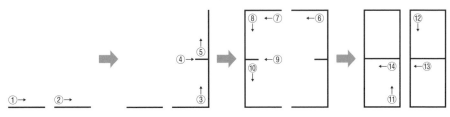

歩数を決めて横の　縦のラインを引き　横のラインを引き，　残った縦ラインを
ラインを引く。　　ながら，中央マー　縦ラインと中央マ　引き，中央マーク
　　　　　　　　　クも付ける。　　　ークを引く。　　　を結ぶ。

②自分の歩幅と歩数を利用して引く

■自分の歩幅を覚える

　ゲームでは，コートの大きさがとても重要です。メジャーで正確に測ってコートを引く方法もありますが，手間と時間がかかってしまいます。そこで，自分の歩幅（筆者の場合は，1歩80㎝。大股1歩は約1m）を目安にして，おおよそ何歩で何m，ということでコートを描きます。

■ゲームのコートを引く

　歩数を決め，コート数に応じて，横のラインから引きます。次に，縦のラインを引きながら中央マークを付けます。反対側の横のラインと縦のラインを引き，中央マークを付けます。残った縦ラインを引き，中央マークを結んで完成です。

（萩原　雄麿）

準備・片付け

校庭：早い！簡単！便利！マーク付けスキル

POINT
❶ポイントマークを利用する
❷ラインマークを利用する

①ポイントマークを利用する

　授業開始前の時間は，大変忙しく，授業が始まってから，ラインを引くこともあるかもしれません。それでは，子どもたちを待たせてしまいますし，時間を無駄にしてしまうことになります。そこで，短時間でラインを引くマーク付けスキルを紹介します。

■市販のラインマーカーを利用する

　市販されているラインマーカーは，全校で使う場所に打つと便利です。コーナートップやテイクオーバーゾーンに打っておくことで，リレートラックを短時間で引くことができますし，運動会等の学校行事でも利用することができます。

■ピンを利用する

　ピンは自作し，学年や個人的に利用する場所に打つと便利です。作り方は，ビニル紐やナイロン製ロープ（太さ6mm程度）を用意し，15cm程度に切ります。それを，長さ10cm～15cmの釘や杭に結び付けると完成です。サッカーコート等の，四隅に打ち込んでおくことで，素早くラインを引くことができます。単元終了後は，安全面を考慮し，ピンは抜いておくことが大切です。

用途によって,使い分ける。　　コートの四隅に打つと便利。

スタートとゴールの枠を先に引き,それぞれの枠を結ぶ。　　子どもの荷物置き場をラインでマークする。

②ラインマークを利用する

　短時間でコートを準備するために,ラインマークを利用する方法を紹介します。例えば,短距離走では,スタートとゴールの枠だけを先に引いてしまいます。次に,それぞれの枠に向かって,ラインを結びます。

　目標がはっきりしているので,短時間できれいに引くことができます。

　慣れるまでは,ラインが曲がることもありますが,少しずつ真っ直ぐ引けるようになってきます。

　また,子どもたちの持ち物(ノートや鉛筆,なわとび,上着等)を置く場所をラインでマークしておく方法があります。授業のときは荷物が多いため,決まった場所があると大変便利です。このような,少しの工夫で,子どもたちは荷物を置く場所を迷ったり,忘れたりすることがなくなります。

（萩原　雄麿）

準備・片付け

体育館：パッとわかるマーク付けスキル

POINT
❶マットやとび箱を設置する場にテープ印を付ける
❷子どもの持ち物置き場として壁に出席番号を示す

①マットやとび箱を設置する場にテープ印を付ける

■ビニルテープやラインテープの活用

　市販されているビニルテープやラインテープでマットやとび箱を設置する場（フロアー）に印を付けます。そうすることで，子どもたちは，ラインに合わせてマットやとび箱を素早く，丁寧に準備することができます。

　テープの長さは，1ｍ程度にし，マットやとび箱の間隔は，2ｍ以上あけるよいでしょう。それにより，お互いに運動を見合ったり，補助し合ったりしながら，学習することができます。勿論，体育館のライン活用でもOKです。

■片付け場所のライン活用

　マットやとび箱を片付ける場所にも，ラインを引いておくと効果的です。特に，用具をスムーズに準備するためには，単元の始まる前に，用具庫から必要なものを出しておき，子どもたちの負担を減らす配慮が必要です。

　マットやとび箱は，体育館の隅に出しておくようにし，1か所ではなく，2か所に分散させることで混み合うことがなくなり，安全に準備をすることができます。とび箱は，運びやすいように，台車に乗せることも一つの工夫です。台車の大きさ（縦横90cm）に余裕があれば，踏み切り板を一緒に乗せることができます。

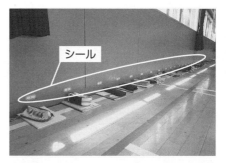

1か所につき，3～4人グループになるようにマットやとび箱を置くテープを貼る。お互いに向き合うように置かせることで，運動を見合いながら活動できる。

体育館の壁の下に，1～40番のシールを貼る。出席番号順等，持ち物置き場を指定しておくことで，素早く準備ができる。

台車にとび箱と踏み切り板を乗せる。また，マットを2か所に分散させることが大切。

②子どもの持ち物置き場として壁に出席番号を示す

■番号シールで持ち物整理

なわとびや体育ノート，学習カード，筆記用具等，子どもの持ち物を置く場所を出席番号で決めておくと，一人一人が「どこに」置くのかが一目でわかり，素早く学習の準備ができます。市販されているラベルやビニルテープ（3～5cm程度の長さ）に番号を書き，壁下に貼り付けます。テープの間隔は，20～30cmにするとお互いに余裕をもって持ち物を置くことができ，整理しやすくなります。

なお，荷物を置く場所の前を「集合場所」として決めておくと，荷物を置いた後でスムーズに素早く集合することもできます。

（萩原　雄磨）

準備・片付け

体育館：安全で早い ライン活用スキル

> **POINT**
> ❶活動，片付けの場所にラインテープを付ける
> ❷元々あるラインで，子どもの動線を一方通行にする

①活動，片付けの場所にラインテープを付ける

■教具を置く場所，活動する場所にラインテープを設け，スムーズな準備

とび箱やマットを置く場所（フロア）にラインテープで印を付けます。ラインテープには番号を書き込むことで，「どの班がどこに，何を設置するのか」が明確になり，素早く安全な準備へとつながります。

とび箱やマット以外にも，ゲームで使用するボールやカラーコーンなどを置く場所にラインテープを貼っておくのもよいでしょう。

また，壁倒立や壁に向かってボールを投げるゲームなど，体育館の壁を使って活動する際にも，壁に番号付きのラインテープを貼っておくと，低学年などは混乱なく活動場所へ移動することができます。

■片付ける場所にラインテープを付ける

片付ける場所にも，必要がある場合はラインテープで印を付けます。マットを片付ける場所にラインテープで印を付ける際は，壁から１ｍ程度離し，人が１人入ることができるスペースを確保します。そうすることで，より安全でスムーズな準備・片付けを行うことができます。

マットとマットの間が2m程度，離れるようにラインテープを設置する。

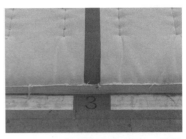

ラインテープに番号を書き込み，準備をする班の場所を明確にする。

マットを片付ける場所には，壁から1m程度離してラインテープを設置する。

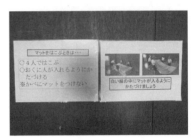

マットを運ぶときの約束を体育館の壁に掲示しておくとよい。

②元々あるラインで，子どもの動線を一方通行にする

■ラインの色で子どもの動線を一本化

　体育館では様々な運動が行われ，限られたスペースのなかで安全に教具の準備・片付けを行う必要があります。運動が楽しみであればあるほど，子どもたちは慌てて準備に取り組もうとします。その結果，子ども同士の衝突や転倒などが原因でケガにつながることもあります。元々ある体育館のラインを活用して，「〇色のラインを通って，マットを運びましょう」などと指示をしておくと，子どもの動線を一方通行にすることができます。複数人で物を運ぶ際も，動線が確保されていることで移動方向が同じになるため，安全です。

（石坂晋之介）

準備・片付け

プール：早くてわかりやすい ナンバリングスキル

> **POINT**
> ❶更衣室のロッカーやくつ箱を色分けし番号を示す
> ❷プールサイドに距離を表す数字を示す

①更衣室のロッカーやくつ箱を色分けし番号を示す

■ビニルテープの活用

　市販されているビニルテープで更衣室のロッカーや靴箱を色分けし、その上にラベルを貼って番号を示します。そうすることで、子どもたちのプールバックや履き物などを置く場所が明確になります。物を置く場所を同じにし、定着が図られてくると素早い準備へとつながりやすくなります。

　ビニルテープは、赤・白など色で見分けがつくものを使用します。学年で水遊び・水泳学習を実施する場合は、縦割り班活動などで使用している色と同じものを使用してもよいでしょう。ビニルテープの色に合わせて使用するクラスを割り振ると、混同を防ぐことができます。

　また、ビニルテープの上にラベルを貼り、番号を付けます。そして「自分の出席番号のロッカーを使いましょう」「いつも同じ番号のロッカーを使いましょう」などのきまりを提示してもよいでしょう。毎時間、同じロッカーを使うことでスムーズな動きにつながるだけでなく、忘れ物への対応も行いやすくなります。

　ロッカーなどが木材の場合はビニルテープがはがれやすいため、両端をセロハンテープなどで貼り、強化しておくとよいでしょう。

縦割り班活動の色などを活用し、クラスごとでロッカーに置く場所を区別するとよい。

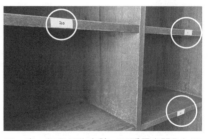
ロッカーにラベルを貼って番号を記入しておき、出席番号と合わせるなど、荷物を置く場所を毎時間同じにする。

油性マジックなどで1mごとに数字を書き込む。距離の把握だけでなく、子どもの立ち位置や集合の指示などにも有効活用できる。

②プールサイドに距離を表す数字を示す

■距離だけでなく、立ち位置や集合場所の声かけにも便利

　泳いだ距離がわかりやすいように油性マジックなどでプールサイドに数字を書いておきます。1mごとに書いておくとよいでしょう。

　この1mごとに書かれた数字は、泳いだ距離を把握するだけでなく、子どもの立ち位置や全体を集合させるときの指示出しにも有効です。低学年などは友達と適切な距離をとれなかったり、集合に時間がかかったりすることがあります。「○番のところに立ちましょう」「○～○番の間に集合しましょう」と数字で指示を出すことが可能となり、効果的です。

(石坂晋之介)

指示・説明

授業開き：授業がスムーズになる体育ルールスキル

> **POINT**
> ❶いつも変わらず明確に！最初にしっかり約束する
> ❷急な待ち時間にはストレッチをさせる

①いつも変わらず明確に！最初にしっかり約束する

　「気を付け。これから体育を始めます」と気持ちよく始められるように必要なことを整理して，教室で伝えておくとスムーズに授業に入っていけます。
①持ち物…体育帽子の裏表も指定しておくとよい。
②移動の仕方…「2列並びで忍者のように静かにね」と具体的に！
③いつもの集合場所…「体育館ならホワイトボードの前」「グラウンドなら水飲み場の前」などとあらかじめ決定しておく。
④整列隊形…移動の並び方と一緒がよい。変える場合は，開始の合図の後で。
　このようにいつも変わらずに明確であることが大切です。その日の運動で場所や隊形を変えたいときには，挨拶が終わってから一緒に変えればいいのです。
　また，急な用事などで体育館やグラウンドに少し遅れてしまったときに備えてどのようにして待つのかも指示をしておく必要があります。「体育座りで，静かに待つ」というのもいいですが，前時に学習内容を伝えておけば，「ノートに今日がんばりたいことを書いて待とう」などというのもおすすめです。教師が着くと「早く動きたい」と意欲満々で迎えてくれます。

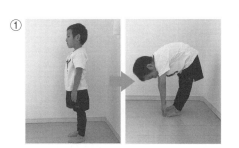

①や②のストレッチでは，はじめから太ももの裏の筋肉が伸びているため体を曲げてもなかなかストレッチ効果が得られない。

胸と太ももを離さないように気を付ける。
呼吸を止めないように！

膝の後ろを抱えてしゃがむ。そのまま立ち上がって「1・2・3・4・5」と数えると太ももの裏にストレッチ効果が大！　これを数回繰り返す。

②急な待ち時間にはストレッチをさせる

　運動技能や仲間との絆を深めていくことのできる体育の学習ですが，忘れてはいけないのが安全に運動を楽しむことです。「ケガをしにくい体をつくる」のも体育の役割です。そこで，がんばりたいことを書いて待つ以外にも「先生がいないときには，このストレッチをして待っていてね」と提示するのが写真③です。太ももの裏の筋肉を伸ばすことができます。太ももの裏は，太く大きな筋肉なのでここの柔軟性を高めることは，体全体で大きな役割を果たします。これを数回やるだけで，写真①や②のストレッチよりも効果が現れます。1年間続けると目に見えて柔軟性がアップします。

　このストレッチに限らず，急な待ち時間に備えて，1人で簡単にできることを伝えておくと待ち時間も有益な時間となります。

（土屋　洋輔）

指示・説明

授業開き：全員が見渡せる並び方スキル

> **POINT**
> ❶並び方遊びで練習する
> ❷つま先も先生に向けて並ばせる

①並び方遊びで練習する

　集合でまず大切なことは，いつでも変わらず明確なことです。教室では黒板が見えるように座るのと同様に，「体育館ではホワイトボードの前」「グラウンドでホワイトボードがないならば，水飲み場の前」などと決めておくことが大切になります。

　次に並び方です。「全校集会のように並んで待っていてね」と声をかけると，「は〜い」と素早く並ぶ子どもたち。しかし，それで一番後ろの子の顔色まで見えるでしょうか。そこでおすすめなのが右頁の写真①のような横並びです。こうすることで全員の顔が見渡せ，一目で体調も確認することができます。黒板やホワイトボードも見やすく，指示や手本も伝わりやすくなります。

　しかし，いつでもこの並び方とは限りません。そこで，初めて担当した学年はじめには，「男女も関係なく，とにかく素早く2列になる」とか「背の大きい順に並ぶ」などと様々な並び方遊びをしておくと，その後の集合に効果的です。とりわけ，日本人は奇数の人数で並ぶのが苦手と聞いたことがあります。少しくらい背の順と違っても気にせず，5列や7列並びなどを遊びのなかで練習しておくと1年間の礎となります。

集会用の2列並びを横にするだけで完成！　これをいつもの並び方に‼

説明したい用具の前に集合すると
さらにGOOD！

手本を見るときは角度が大切。
適切な角度に移動でGOOD！

②つま先も先生に向けて並ばせる

　用途に合わせて並び方も変えていきます。教師の近くに集めて，話をしたいときには，教師を中心にして半円を描くように並ばせます（写真②）。「つま先を先生の方に向けて，なるべく小さくなるんだよ」と声をかけると上手に集まることができます。また，手本を見せるときには，ポイントが見やすい角度に集合させます（写真③）。「手本となる人の方につま先を向けるんだよ」と声をかけるとよいです。

　とにかく早く集まってほしいときには，「集合〜」と声をかけて，集まってきた子から「○○くん，1番。○○さん，2番」と順位を言うだけで競い合って集まってきます。単純ですが，効果は抜群です。

（土屋　洋輔）

指示・説明

集まる時間がどんどん短くなる カウントスキル

POINT
① カウントアップで「できる」を確認する
② カウントダウンで「できた」を増やしていく

①カウントアップで「できる」を確認する

■学級全体を成長させる

　はじめに，集合するのにかかる時間を計測します。「今，集合するのにかかった時間は，○秒だったね」と，今の子どもたちの力を時間で視覚的に共有します。そして，「今，○○さんは走って集まってくれたね」「○○くんは，集まることに気が付いていない友達に声をかけてくれたね」と，期待する行動をしてくれた子どもを取り上げます。そうすることで，学級全体によい雰囲気が広がっていきます。あわせて「もっと，早く集まれそう？」と問い返し，学級として成長の幅があることも確認します。

■個に注目してほめる

　次からは，集合することを予告してから集めます。「ピピー，注目！　さっきより早く集まれそう？　いくよ？　集合！」といったように，一度静かにさせ，集合の指示を出します。そうすることで，緊張感が生まれ，前回より早く集合できます。このタイミングで，いつも集合の遅い子に注目し，「前より早く走っていたね」「すぐ気が付けたね」と，わずかな成長を見のがさずにすぐほめます。そうすることで，よい行いが強化され，少しずつ集まる時間が短くなっていきます。

②カウントダウンで「できた」を増やしていく

■挑戦意欲に火をつけ,成長させる

　集合にかかる時間が安定してきたら,カウントダウンに切り替えます。がんばればできそうな目標時間を設定し,「○秒で集合できる?」と子どもたちに投げかけます。時間を制限することで,子どもたちの挑戦意欲が刺激されます。

　「ピピー,10秒で集まるよ! 集合! 10,9…」といったように,見通しをもたせながら,「できた」を積み重ねていきます。集合の遅い子への個別の声かけ,クラス全体への称賛を続けることで,早い集合が当たり前になっていきます。成長してきたら「いきなりの集合でカウントしても大丈夫?」と,少しずつ支援の手を離していってもよいでしょう。　　(結城　光紀)

指示・説明

どうしても集まるのが遅い子への対応スキル

POINT
❶魔法の言葉「どうしたらいい?!」
❷集合場所は「きみの場所」

①魔法の言葉「どうしたらいい?!」

「○○くん，遅れているぞ～」でも，いっこうに集まろうとしない子ども。「お～い。早くおいで～」「おい！　早く来い！」とやりとりをしているうちにどんどん強い口調に。こんなことはありませんか。きっと子どもの心のなかは，

・注意され慣れていて，響かない。
・指示されるばかりで，自分で考えようとしていない。

そんなときにめっぽう効く魔法の言葉が「どうしたらいい?!」です。

先ほどの状況を再現してみます。

「○○くん，遅れているぞ～。どうしたらいい?!」と一言加えるだけで，子どもは「走ったらいい」「急ぐのがいい」となるはずです。

「どうしたらいい?!」と聞くと，自らの思考が生まれます。ほとんどの場合，子どもは「自分が遅れている」ということを理解しています。だから，「走る～」「急ぐ～」と前向きな答えが返ってくるはずです。指示する言葉からは，自らの思考は生まれません。

大切なのは「待つ」ことです。私たちはすぐに結果を求めてしまいます。最初に答えが返ってくるまで「30秒」待つことができれば，1か月後には返答までの時間が「3秒」になります。

集合の遅い子がいたら……

その場所に集合だ〜！

②集合場所は「きみの場所」

　集まるのが遅い子の近くで「集合〜」。そして，「○○さんは，１番に集まれました。拍手〜」と声かけすると，きっとその子には，笑顔があふれます。そこから一緒に黒板やステージの前に移動すればいいのです。

　裏技です。「遅れて悪かったな」と理解している子に，「○○くん，こっちにおいで」と集合位置から少し離れた場所に呼びます。もちろん，子どもは，なぜ呼ばれたのかわかっています。そこで，「さっきの算数よくわかったな」などと違うことでほめてあげるのです。そして，表情がほぐれたところで，最後に「でも今は，ちょっと集まるのが遅かったぞ。ちょっと急ごうな。みんなは，怒られていると思っているから，悲しい顔で帰ろうよ」と冗談を言って一緒に帰るのです。その子との距離もぐっと縮まります。　　（土屋　洋輔）

指示・説明

運動のイメージをつかませる ICT活用スキル

POINT
❶ 外側から見える子どもの動きを撮影する
❷ 子どもが見えているビジョンを撮影する

①外側から見える子どもの動きを撮影する

■客観的・俯瞰的視点の活用

　タブレットを用いて，子どもが運動している様子を外側からの客観的視点で撮影します。とび箱運動であれば，とび箱の横に立ち，踏み切りから着地までを撮影します。子どもに気付かせたい部位の動き方が，わかりやすい角度であることが大切です。ゴール型の運動であれば，ステージの上や台の上から，全体を俯瞰的に撮影します。全体が入る位置を確認し，タブレットで撮影します。

■自己の運動のイメージと対話させる

　ICT機器活用のよさは，自分が思って動いていた運動のイメージと実際の動きとの違いを知ることができることです。そのうえで，もっている運動感覚や運動のイメージのズレを修正し，よりよい動き方に近付けていきます。
　動画を再生すると，全体像が把握でき，イメージとのズレが見付かります。よい動き方との比較をすることで，より明確に修正する動きをつかむことができます。また，スロー再生や静止画を用いることで，細部の動きやタイミングをつかみやすくなります。映像を見たうえで，よい動き方をその場で部分的に真似してみることも効果的です。

②子どもが見えているビジョンを撮影する

■主観的視点の活用

　運動のイメージをつかむためには，運動者から見える「主観的なビジョン」を撮影し，提示するのも効果的です。客観的な姿だけでは，動き方がつかめず，運動の感覚やよい動きにつながらない場合があります。とび箱運動では，踏み切る足の位置や着手の見え方をその場に立って撮影します。ゴール型の運動では，パスをもらえるときとパスをもらえないときに見えるビジョンを撮影して比較することで，ボール保持者と守備者の位置関係を視覚的につかませます。できないと見ることのできないビジョンを，ICTを用いて共有し，視覚的な経験をさせることで，自信をもって動くことができ，子どもたちの「できた」につながります。

（結城　光紀）

指示・説明

学習内容に焦点を当てる学習カード・ノートスキル

POINT
❶イラストを切り抜き，吹き出しを付ける
❷書き出しのリード文を示す

①イラストを切り抜き，吹き出しを付ける

■イラストで勝負

　学習カードは，子どもたちの学びを整理し，「わかる」を確かなものにする役割をもっています。しかし，学級には文章だけでわかったことを表現するのが難しい子や，学習内容と全く違う内容になってしまう子がいます。

　そこで，学習カードのメインをイラストにします。授業で扱う運動のイラストから，学習のポイントがわかりやすいイラストを選んで切り抜き，貼り付けます。イラストを用いることで，学習場面を思い出しやすくなり，また，学習カードにのぞむ心理的ハードルが低くなります。

■吹き出しで漫画風に

　切り抜いたイラストに，吹き出しを加えます。吹き出し口は，イラストの顔だけでなく，手や足といった運動のポイントに関わる体の部位にも向けます。そうすることで，吹き出しと学習のポイントがつながり，学習で確認した共通言語を書き入れたり，運動のコツを書き入れたりするなど，学習内容に焦点化した記述になり，子ども一人一人の思考が見えるようになってきます。慣れてきたら，自分で吹き出しを書き加えさせます。そうすることで，自分の運動感覚と対話しながら，思考を深めていくことができます。

毎時間の態度を，簡単に振り返る。

応援だけでなく，補助の行い方や気を付けること，共通言語が書けるようにし，学習内容に迫らせる。

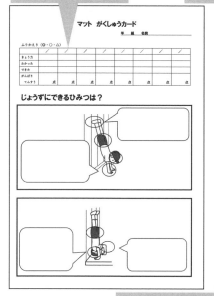
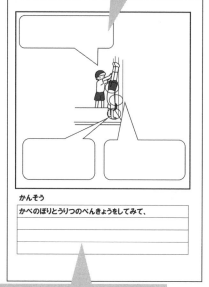

リード文があることで，続きをイメージしやすくなる。

②書き出しのリード文を示す

■書き出しを示して学習内容へ迫る

　体育ノートや学習カードに運動のポイントや感想を書く場面では，罫線だけでは，何を書いたらよいか困ってしまう子がいます。

　そこで，体育ノート等の１行目の書き出しを教師が示します。そうすることで何を書いたらよいかわかりやすくなり，子どもたちは安心して取り組むことができます。マット運動「壁のぼり倒立」の学習を例にあげると，「かべのぼりとうりつのべんきょうをしてみて，」のリード文を入れることで，授業で学んだ「肘をピンとする」「つま先でのぼる」といった運動のポイントが思い出されやすくなり，学習内容に焦点化した記述になっていきます。

(結城　光紀)

場づくり

マット：学び合いと教師の見取りに効果的な配置スキル

POINT
❶ 教師は全体が見え，子どもは見合える配置にする
❷ マットをつなげて技の組み合わせを可能にする

①教師は全体が見え，子どもは見合える配置にする

■並べ方はシンプルに

　教師が全体の様子や一人一人の動きをよく見られるように，マットは等間隔に体育館のラインを活用して並べます。マットの間は2m以上あけ，安全を確保します。同時に，このスペースはグループの仲間の動きの観察や補助にも有効に働きます。また，前後あるいは左右のグループの動きを見合えるようにマットを2枚ずつ並べて配置します。右頁の写真では，1・2班，3・4班，5・6班，7・8班がペアになることもできるし，1・3・5・7班が取り組んでいるのを，2・4・6・8班が見ることもできます。学習している技によって，見合うペアの組み合わせを考えるとよいでしょう。

■教師は立つ位置を考えて全体を見取る

　教師はマットの並んでいる端（右写真）の方から見ると全体の様子や危険な行動（動き）も見えます。低学年の場合は，技のはじまりの合図を出しながら，端から観察するとつまずきがあるか，あるいは達成されているかが見取れます。中央にいると目の前の班や子どもだけしか見えず，全体を把握できません。ただ，うまく活動が進んでいない班や補助が必要な子どもがいる場合は，教師は寄り添って関わることも大切です。

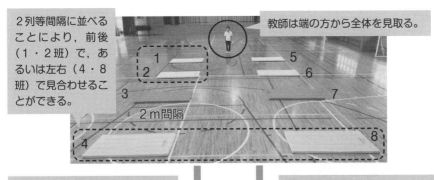

2列等間隔に並べることにより，前後（1・2班）で，あるいは左右（4・8班）で見合わせることができる。

教師は端の方から全体を見取る。

2m間隔

アレンジ①
1・5班，2・6班のマットをつなげてロングマットをつくる。技の組み合わせに取り組める。

アレンジ②
1・2班，3・4班のマットをつなげて大マットをつくる。シンクロマットに取り組める。

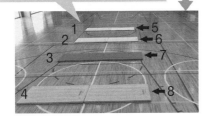

②マットをつなげて技の組み合わせを可能にする

■シンプルな配置だからこそアレンジも簡単にできる

隣同士のマットをつなげて，長くしたり大きな正方形（長方形）の形にしたりします。上の写真だと1・5班，2・6班のマットをつなげるとロングマットになり，身に付けた動きを連続で行ったり他の技と組み合わせたりするのに効果的です。縦180cmのマットでは一つの技が限界ですが，縦につなげると二～三つの技を組み合わせた連続技が可能になります。

また，1・2班，3・4班のマットつなげると正方形に近い大マットになり，友達と一緒に動きを合わせて取り組んだり，動く方向や技の組み合わせを工夫したりするシンクロマットの場づくりになります。シンプルだからこそアレンジもしやすく，マットの移動も簡単に行えます。

（松本　大光）

場づくり

とび箱：安全で見取りやすい 無駄のない配置スキル

> **POINT**
> ❶ゆとりをもって一列に並べる
> ❷子どもの目標や課題に合わせて高さや向きを変える

①ゆとりをもって一列に並べる

■間隔は３m，シンプルに並べる

　教師が子どもの動きや様子を見取り，子どもが安全に活動するには，体育館のライン等を利用し，とび箱をシンプルに並べます。とび箱の間は３m確保します（右図参照）。とび箱の脇で友達の動きを見たり補助をしたりするのに有効です。また，とび終わった子どもが戻る際に運動している子どもと接触することを防ぎます。当然，単元はじめにとび箱の前やマット上を横切らない約束を徹底します。シンプルに並べることで隣の班の観察・相互評価や２台のとび箱を使ったシンクロとび箱にも取り組めます。

■立つ位置に注意して全体の動きや技の達成率を見取る

　教師は並んでいるとび箱の端の方に立つと，全体の動きを見取りやすくなります。技の種類にもよりますが，横から観察して（右図参照），十分達成されていれば次の課題に進み，そうでなければ，技のポイントについて再度全体で確認し，フィードバックすることもできます。

　もちろん，活動が滞っている班や補助が必要な子どもがいる班のとび箱には教師が補助に入ります。そのためにも，とび箱の間隔はゆとりをもって場づくりを行いましょう。

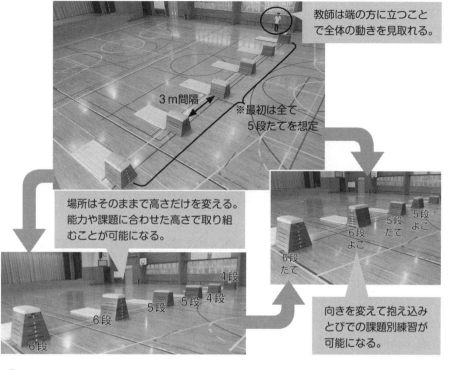

②子どもの目標や課題に合わせて高さや向きを変える

　1回の授業時間のなかで何度も高さを変えることは，効率的ではありません。特に低学年では，無駄な時間となります。台数にゆとりがある場合は，とび箱の位置はそのままにして，高さや向きの異なるとび箱を用意しましょう。

　例えば，最初は全員が5段に取り組み，授業後半で自分の課題に合った高さに取り組む場合，4段・5段・6段を2か所ずつ準備すれば，子どもはそのとび箱に移動して低いとび箱で練習したり，より高いとび箱で大きくとぶことに挑戦したりすることが可能です。同じように抱え込みとびならば，横向きの場や縦向きの場を設定することで自分の課題に合わせて取り組めます。もちろん，他のコースへは安全に移動するよう，指示することも忘れずにしましょう。

(松本　大光)

場づくり

幅とび：たくさんとべて 安全なゴム張りスキル

POINT
❶砂場は横向きに，ゴムベースを踏み切りにする
❷着地する砂場にゴムを張って目標設定する

①砂場は横向きに，ゴムベースを踏み切りにする

　「幅とびのコースを1～2コースしか設置できず，十分な運動量が確保できない」「毎回メジャーで計測するのに時間がかかる」と幅とびの場づくりや指導に抵抗をもっていませんか？

　幅とびで使用する砂場は横向きに使用します。もともと設置されている踏み切り板は，縦向きの学校がほとんどで，1～2コースしか設置できないため十分な運動量を確保できません。砂場を横向きにしたコースを設定し，コースの長さは10～20m，コース幅は1.5m程度にします。できるだけ一度にとぶ人数が多くなるように（あるいは体育班の数）設定します。

　次に，コースには目安となるラインを5mおき（5m，10m，15m）に引きます。踏み切りのスタート位置を決めるための目安にするためです。踏み切る場所は砂場の端から50cmのところであれば，中学年でも踏み切ってから砂場には届きます。

　踏み切り板にはゴムベースやケンステップを使用します。幅のある踏み切りスペースを確保することで思い切りとぶことができます。石灰のライン1本では，そのラインに踏み切りを合わせようとするあまり，思い切りとぶことができません。

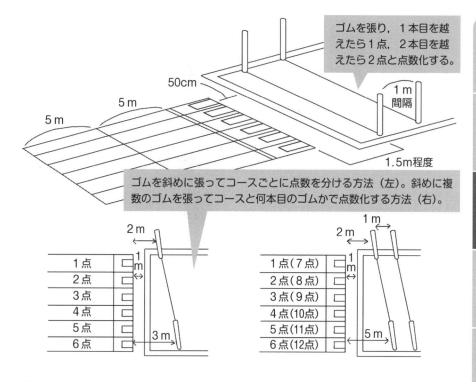

②着地する砂場にゴムを張って目標設定する

　着地する砂場にはゴムを張って子どもの目標になるようにします。ゴムは，園芸用の棒等に両端を結び，はじめは踏み切り板から1.5m程度に張ります。全員の助走スタート位置が決まってきたら，距離を伸ばしていきましょう。

　目標があることで，子どもはゴムを越えようとして意欲的に取り組みます。ゴムを複数張って1本目を1点，2本目を2点として「ねらいとび」をします。毎回計測する必要もなく，運動量を確保できます。

　また，ゴムを斜めに張り，1本目のゴムが踏み切り板から遠くなるにつれてコースごとに点数を高くしていきます（上図参照）。

　とび終わったら砂場の奥まで進んでから，外側をまわって戻るといった約束を決め，安全面に配慮します。

(松本　大光)

場づくり

高とび：はさみとびが苦手な子への恐怖やわらげスキル

POINT
1. ゴム紐やハードルなどの身近な教具を使う
2. 高さを低くし，ゆっくりとした動きで行う

①ゴム紐やハードルなどの身近な教具を使う

　高とびは，「高さ」という目に見える目標を越えることに挑戦できる楽しい教材です。しかし，いきなり竹バーを使って試技をさせると，とべずに直前で止まってしまう子が出ます。この原因は，①基本技能である「はさみとび」の脚の動かし方がわからないことと，②バーに当たるのを怖がってしまうことの2点です。

　最初の段階では，当たっても痛くないゴム紐（幅2cmくらいのもの）やカバーを付けたハードルなど，身近にある教具を使って，バーへの接触に対する心理的抵抗を少なくし，はさみとびの脚の上げ方と抜き方から指導していくとよいでしょう。

②高さを低くし，ゆっくりとした動きで行う

　ゴム紐は，両端で持っている子どもの膝くらいの高さにします。ハードルの場合は，40cm（止め具を全て外して，バーを一番下まで下ろしている状態）で十分です。最初に両脚でゴムやハードルをまたがせ（写真①②），高さへの恐怖心を和らげます。

　次に，またぎ越しをします。

膝の高さにあるゴム紐やハードルをまたぎ,高さの恐怖を和らげる。

脚の動きを確認し,口伴奏を入れながらジャンプと助走を加える。

(1) 脚の動きです。ジャンプをせずに,片脚ずつ動かして越えさせます(写真③～⑤)。両側からやってみましょう。

(2) ジャンプを入れます。③→④の動きで,左脚が地面に着く前に,右脚を上げます。慣れてきたら,左脚が一番高く上がったところでやってみます。

(3) 助走をつけます。1歩から始め,5歩くらいまでで十分です。最初は,歩いて行います。「(助走)いち・に・(ジャンプ)さーん・(着地)トン・トン」と口伴奏を入れながら,リズムを取っていくとよいでしょう。

(4) その後は,少しずつ高さを上げ,通常の試技に近付けていきます。単元の最初でこれらを行うことにより,はさみとびの脚の動きの習得と,バーのとび越しに対する心理的抵抗の軽減は,十分に達成されます。

 他の教材でも言えることですが,できるだけ平易な場をつくり,段階を踏みながら,「ゆっくりとした動きで行う」ことがポイントです。　　(佐藤 哲也)

場づくり

19 ティーボール：事故を起こさない場とルールづくりスキル

POINT
❶余分な教具を出さず，バッターズサークルを設ける
❷バットを放り投げないルールをつくる

①余分な教具を出さず，バッターズサークルを設ける

　ティーボールなど，バットを使うベースボール型の教材には，思い切ってボールを打つことが味わえる魅力があります。一方で，時に「周りを見ずに振り回したり，投げたりしたバットが，近くにいた子どもに当たる」といった事故が起こります。子どもがゲームに夢中になってしまう分，指導や場づくりでは，安全に対する十分な配慮が必要になります。

　教具について，キャッチボールなどの際には，柔らかいボールが人数分出ていても問題ありませんが，バッティングやゲームの際には，「一つのコートにつきバット1本＆ボール1個」とルールを決めます。これにより，教具に対する子どもの注意を促すことができ，教師の安全確認も容易になります。また，ティー台（ホームベース）の中心から，半径3～4m程度の円を引き，「バッターがいるときは，守備も含めて，他に誰も入ってはいけない」ことを約束にします。応援席も，ラインを引いてはっきりと分けておきましょう。

②バットを放り投げないルールをつくる

　試合を行う際には，「バットはカラーコーンの中に入れてから走る」ルールを徹底します。バッターズサークルの外にカラーコーンを置き，打ったら

応援席を決める。

バッターズサークルの中には，誰も入らないようにする。

3〜4m

バット入れて！

指示する子どもとバット入れ。

コート一つに，バット1本&ボール1個まで。

　その中に必ずバットを入れます。もし，入れずに走った場合は，戻って入れ直し，それで間に合わなければアウトにします。バット入れ用のカラーコーンには，攻撃側チームの子どもを1名置き，「ここにバット入れて！」と声をかけさせるようにするとよいでしょう。

　また，攻撃に際しては，「3アウトチェンジ」のようにアウトカウントで攻守交代するのではなく，「（アウトや残塁に関係なく）チーム全員が打ったらチェンジ」というルールをつくることで，点差も開きにくくなり，試合の集中力を持続させられるようになります。

　授業において，安全に留意して行うことは当たり前ですが，「周りに気を付けてやりましょう」と声をかけるだけでは，十分ではありません。事故が起きる原因を考え，子どもが安全に楽しく学習できる場やルールを設定することが大切です。

（佐藤　哲也）

場づくり

20 水泳：十分な運動時間を確保するマネジメントスキル

POINT
❶プールは横に使う
❷追いかけ方式で大人数を効率よく動かす

①プールは横に使う

　水泳は，日常生活では味わえない動きを体験できる貴重な学習です。しかし，命に関わる事故が起きる危険を回避するため，多くの学校が，複数の教師で安全を守る体制を取るようになってきました。そのため，クラス単位ではなく，学年で水泳授業をする学校が増えています。こうしたなか，60～100人近い子どもを一斉に指導し，運動に従事する時間を十分に確保しながら，技能習得をさせるためには，効率よいマネジメントが求められます。

　できるだけ多くの子どもが泳げるようにするためには，プールを縦ではなく横に使います。また，バディをもとに，全体を男女各2名ずつの4グループ（写真①）に編成します。水泳の場合，体調不良等による見学者も出るため，毎回同じバディやグループにすることにはこだわらなくて構いません。このバディは，動きの観察や教え合いなど，学習のペアとしても機能させます。

②追いかけ方式で大人数を効率よく動かす

　できるだけ少ない時間で効率よく全体を動かすために，追いかけ方式を使います。これは，一つのグループがプール中央まで来たら，次のグループがスタートするというやり方です。

①バディを元に，全体を4グループ（男子AとB，女子AとB）に編成する。

②女子Aが泳ぐ（折り返し）。

③男子Aが女子Aを追いかける。

(1)女子側より女子Aが出発します。男子側の壁まで着いたらいったん止まります。ここで女子Aに対する指導をし，全体で共有します。

(2)女子Aが折り返し（写真②），プール半分まで行ったところで，男子Aが出発します（写真③）。女子Aは，女子側に戻ったら上がります。

(3)男子Aが女子側の壁まで着いたらいったん止まります。ここで男子Aに対する指導をします。

(4)男子Aが折り返します。またプール半分まで行ったところで，女子Bが出発します。以下，これの繰り返しです。

　バディでグループ分けをし，「体の伸び」や「足の使い方」など，技能ポイントを絞ることによって，大人数の一斉指導であっても，互いに観察しながら，教え合いにつなぐことができます。効率よいマネジメントが，運動に従事する時間の確保と確実な技能向上につながっていきます。　（佐藤　哲也）

仲間づくり

自信をもたせ，意欲を高める教師のほめ方スキル

POINT
❶ほめるときは「すぐに」「具体的に」を意識する
❷クラスに浸透させたいときは「広げる」を使う

①ほめるときは「すぐに」「具体的に」を意識する

■よいところを見付けたら「すぐに（その場で）」ほめる

体育授業で，子どもをほめる場面は，準備・片付け，運動，発言，教え合いなどたくさんあります。ほめる内容も態度，思考，技能などいろいろな面で子どもがよい動きをしていたら，「あー，それいいね」とすぐにほめます。

すぐにほめることによって，子どもは自分がしていることがよいことであることを自覚します。すると，よい動きをする子どもが多く見られるようになったり，練習に取り組む子どもが増えたりします。

■よいところを見付けたら「すぐに」「具体的に」ほめる

すぐにほめることで，今の動きのよさを子どもに伝えることができます。ですが，何がよいのかよく伝わらないこともあります。そこで，「すぐに」に加えて「具体的に」ほめるようにします。

教師は，「○○してくれてありがとう」「その○○の動き，とってもいいね」「○○を高く上げられるようになったね」「チームの友達みんなにアドバイスの声をかけていたね」というように動きのよさをすぐに，具体的にほめます。すると，よい動きを続けたり，もっとできるようになろうと，何度も繰り返し練習したりするようになります。

仲間づくりゲームで，自ら人数調整役にまわって，最後に残った子どもを紹介する。すると，次に行うときには，違う子どもが率先して人数調整役をするようになる。

ボール運動の振り返り場面で，チームのなかで，自分の技能を高めることができた子どもの動きのよさと，友達にたくさんのアドバイスをしていた子どものがんばりを伝える。子どもたちのなかに「もっとがんばろう」という思いが高まる。

技能に関わることについてほめるときは，できている子どもが無意識的にしていた動きのよさを解説し，全員でコツを共有するようにする。すると，できなかった子どもたちができるようになるなど，動きが高まる。できるようにならない子どもたちの相談を受けるときは，本人たちの了承を得て，どこをどのようにすればできるようになるかを，クラス全員で考えて試すようにする。できないことは恥ずかしいことではないことや，みんなでできるようになろうという雰囲気が出てくる。

②クラスに浸透させたいときは「広げる」を使う

■よいところを見付けたら「すぐに」「具体的に」ほめ，まわりに「広げる」

　よいところを見付け，「すぐに」「具体的に」ほめることで，一人一人の子どものよい動きが増えます。

　次は，一人一人のよい動きをクラスに「広げる」ことが大切になります。よい動きが見られたら近くの子どもたちに「この動きいいよね」と言ったり，授業のまとめの際に，「○○さんは，こんなふうに動いていました。すばらしいよね」と紹介したりします。こうすることで，一人一人のよさがクラス全体に広がり，みんなで伸びようとする雰囲気ができてきます。（小林　治雄）

仲間づくり

意図的に関わらせて子ども同士の認め合いを生むスキル

POINT
❶「応援」で認め合いのきっかけをつくる
❷「拍手と賞賛の声」で認め合いを生み出す

①「応援」で認め合いのきっかけをつくる

■チームで運動することで「応援」を引き出す

　個人で運動するときも，チームで運動するときも，応援はだいたい「がんばれー！」だと思います。同じ「応援（がんばれ）」という言葉ですが，個人で運動するときの応援よりも，チームで運動するときの応援の方が，「勝とう」「勝ちたい」という思いが強いです。

　なので，年度はじめの体育授業では，折り返し（動物走り）リレーを行っています。大きな声で応援している子どもやチームを賞賛し，応援が根付くようにします。

■「応援」によって友達ができるようになる喜びを味わわせる

　チームで運動する際の応援とともに大切にしているのが，友達が運動しているときに数を数えることです。数を数えることは応援ではないような気がすると思いますが，これががんばりの力になるのです。

　よじのぼり倒立で，運動している子ども以外のクラス全員で秒数を数えます。終わりの「8，9，10！」になるにつれて声が大きくなり，「がんばれ！」という思いが強くなります。そして，自然と友達に笑顔で拍手したり「やった！」という声が出たりするなど，「応援」の気持ちが高まります。

折り返しリレーなど,チームで運動すると,勝ちたいという思いが出てくる。そして,大きな声で応援したり,よい動きに対して賞賛の声や拍手を送る。

応援することをきっかけに,運動できない子どもは,できる友達を認めたり,運動できる子どもは,できない友達をできるようにしたいという思いが生まれ,よい関わりが見られるようになる。

チームでの認め合いが見られるようになると,チームで行う運動以外でも教え合うことができるようになる。マット運動では,動きができる・できないに関係なく,友達の動きの状態を伝え合ったり,どうすればできるかを伝え合ったりするようになる。

②「拍手と賞賛の声」で認め合いを生み出す

■拍手と賞賛の声は「認め合い」ができるサイン

　友達の動きを見て,「すごい」「がんばった」と思ったときに,「拍手」や「賞賛の声」が出ます。これが,認め合いができるようになるサインです。

　ここで,「教えてもらおうタイム」「できるようにするタイム」などを設けると,「どうすればできるようになるの?」という質問や,「こうするとできるようになるよ」というアドバイスが出てきます。すると,友達同士の認め合いが生まれ,今まで以上に,友達同士で関わり合いながら学習するようになります。

(小林　治雄)

仲間づくり

仲間はずれを防ぎ学ぶ目的と技能差を意識させるスキル

POINT
❶ 学びの目的を意識させる
❷ 何を大切に運動するのかを意識させる

① 学びの目的を意識させる

■ 体育授業での「仲間はずれ」の原因は何か

　友達と一緒に運動できなくなる「仲間はずれ」の原因について考えてみました。このような状況になるのは，チームで行う運動のときが多いです。
○運動できる子どもが，運動できない子どもにきつく当たる。
　・「なんでできないの？」「ちゃんとしてよ」などと言う。
　・できる人より運動の機会を減らすなどの差別をする。
○運動できない子どもが，落ち込んでしまい（自分に自信がもてず），運動しようとしない。

■ 運動することを通して何を学んでいるのかを伝える

　このような状況になる原因は，「勝ちたい」という思いが先行してしまい，学びの目的が意識されなくなるからだと考えられます。

　こうなったときは，クラス全体に何を学ぶのかを確認します。具体的には，「どんな動きを身に付けるのか」「どうすればみんながでいるようになるのか」について問いかけ，子どもたちに考えさせます。また，運動できる子どもができない子どもをサポートできているチームのことも紹介します。こうして，運動することを通して何を学んでいるのかを意識させます。

この時間で目指す動きは何かを明確に示す。これを学習課題として示し、授業中、常に意識させるようにする。

スピードを落とさないバトンパスをするために、渡し手はスピードを落とさず、受け手は早くスピードを上げることを意識する。見る人は、ダッシュマークの位置はよいかやスピードは落ちていないかを見て伝える。

はじめは勝つために動きができない友達のサポートをしていた子どもも、友達の動きが高まるにつれて、自分のことのように喜ぶようになる。友達の動きを見て、動きの課題を見付け、クリアするために一緒に動きを考えて試す。

②何を大切に運動するのかを意識させる

■子どもの思いを聞き，みんなでできるようにする方法を見付ける

　運動できる子ども，できない子どもの気持ちを聞いて理解します。例えば，ボール運動の授業であれば「試合に勝つ」ことを中心に，どうすれば勝つことができるかを学習課題としていることを理解させます。そして，みんなができるようになることで，「勝つ」に近付くことを伝えます。

　運動できる子どもには，できない子どものサポートを，運動できない子どもには，あきらめずに運動することと，考えて運動することを話します。

(小林　治雄)

仲間づくり

チームの一体感をもたせる儀式スキル

POINT
① 一体感は協力・関わりから生み出す
② 一体感を感じさせ，安定した学びを進める

① 一体感は協力・関わりから生み出す

■一体感を生み出すちょっとした動きいろいろ

　団結力を高めるには，クラスやチームに一体感を生み出すことが大切です。ただ，一体感を生み出すために，特別なことをする必要はないと思います。普段の授業のなかでつくっていくことが一番だと思います。
○授業の準備や片付けで，何人かの友達と息を合わせて用具を運んだり，そろえたりする。
○運動し終えたりしたらチームの友達とハイタッチする。
○リレーで全員が走り終えたら，全員で声を合わせて「終わった！」と言う。
○ゲームなどの運動をする前に，円陣を組んで声を出す。

■一体感を生み出すための教師の働きかけ

　「こうするもんなんだよ」と伝えるだけでは，子どもは意味を理解せず，ただやっているだけになってしまいます。
　一体感を生み出す動きが見られたら，「○○さんと△△さんは，力を合わせて□□を運んでいてすばらしかったです」「このチームは，○○をしてがんばりを称え合っていていいですね」などとよさを伝え，クラス全体に広がるようにします。

円陣を組んで気持ちを高める。はじめは，勝とうという気持ちを声に出すだけですが，この後，拍手とともに，「○○しようぜ！」というめあてが掲げられるようになる。

チームに一体感が出てくると，ちょっとした動きにも同じチームの友達をよくしたいという思いが見られるようになる。見学している子どもも，自分にできることを探し，サポートするようになる。

一体感が出てくると，チームの友達に，言いづらいことを伝えるときも，決して友達を責めるような言い方をしなくなる。どうすればできるようになるかや，誰がどのようにサポートするかを伝え，みんなでできるようになろうとする。

②一体感を感じさせ，安定した学びを進める

■チームでお互いに

　一体感が生まれてくると，ハイタッチなどの後に，チーム内で「すごい！」「どうやったの？」など，友達を認める言葉が出てきたり，友達の動きから学ぼうとする姿が見られたりするようになります。一つの形式が，一体感を生み出すだけでなく，安心して思考を働かせながら技能を身に付けることができる状態をつくるのです。

　その状態ができると，円陣の後やゲームを終えた後に，チーム内ですぐに動きのよさや修正についての言葉を交わすようになります。　　　（小林　治雄）

仲間づくり

負けているチーム向け 教師の支援・言葉かけスキル

POINT
❶教師は負けたチームの味方になる
❷運動が得意な子どもに助言する

①教師は負けたチームの味方になる

　チームづくりをする際に意図して力を均等にしたチームづくりをしても，勝敗の数に差が出ることは珍しくありません。そのようなとき，教師は負けているチームの子どもたちの意欲を低下させ続けてはいけません。

　教師は，どのチームも均等ではなく負けたチームに助言やアドバイスをしていく姿勢を見せるのがよいです。教師は負けたチームの味方になります。チームが勝つまで一緒に見てあげると，子どもたちも意欲が出ます。しかし，もしかすると他のチームの子どもたちから，先生はいつもあのチームにだけ味方しているという声があがるかもしれません。その場合は，「先生は困っているチームを助けています。君のチームが困ったらいつでも助けるから言ってね」と伝えましょう。どのチームにも困ったら助けに行くということを伝えることで，子どもたちも不満をもつことがなくなります。

②運動が得意な子どもに助言する

　作戦会議では，多くのチームが得意な子を中心に話を進めています。特に負けているチームでは，得意な子が負けたことを他の子のせいにすることで，チームの状況がどんどん悪くなることも多いのではないでしょうか。そこで

負けているチームの作戦会議のなかに入り、教師も一緒に話を聞こう。話がうまく進んでいない場合は、こちらからコツや方法を提示しながら進めていくこともある。

その後、チームで考えた作戦について練習している様子を見てあげよう。よくなった部分をその場ですぐに評価してあげることが大切。

　教師がなんとかしようと、苦手な子ども側に付いてしまうことがあると、得意な子が悪者のようになりさらに上手くいかないということが出てきます。

　そのようなとき、得意な子に「どうしてそんな態度なのかな」と聞いてみると、多くの場合自分はがんばっているということに加え、他の子のせいにすることが多いでしょう。次に「勝つためにとてもがんばろうとする気持ちはすごいね」とその子のがんばりへの気持ちを汲みとって認めつつ「でも、他の子たちもがんばろうとしているのに今の君のみんなへの言葉や態度は本当にいいのかな」と言葉をかけます。続けて「みんなと協力していかないと勝てないよね。どうしたらみんなを上手にさせてあげられるかな」と振り返らせてみます。チームの子はみんながんばる気持ちがあるということをお互いが理解し、そのうえでどのように子どもたち同士で教え合ったり、励まし合ったりしていくとよいのかを教師が助言すると、よい関係が築けます。

(西川　直哉)

仲間づくり

勝敗にこだわらせない状況づくりスキル

POINT
❶めあてを提示し気持ちを切り換えさせる
❷勝敗より何ができるようになったかを取り上げる

①めあてを提示し気持ちを切り換えさせる

　単元を通してキーワードになるような，最初のめあてのもたせ方を工夫することで，勝敗ではない部分に目を向けさせる方法があります。
　「ボール運動」のなかの「投げる・捕る」で考えてみましょう。投捕の学習では，技能定着のためにゲーム化を図ることも必要です。そうすると，勝敗にこだわり過ぎる子が出てきます。勝敗にこだわることは悪いことではないのですが，過度な場合はクラスがネガティブな雰囲気になります。この対処法として「めあてのもたせ方の工夫」が考えられます。例えば，「ボール投げ名人・ボール捕り名人になろう」というめあてを提示するわけです。
　このめあてを示すことで，勝負だけでなく，自分が名人に近付いているかに目が向くことになります。もちろん，勝負にこだわりそうになる場面もあるでしょう。そのときは「今回は名人を目指すんだよねー」と一言声をかければ，「あ，そうだった」と気持ちをすぐに切り換えて学習に取り組むことができます。

②勝敗より何ができるようになったかを取り上げる

　教師が勝敗の結果を大きく取り上げるのではなく，子どもたち自身の何が

> 名人ってどんな人だろう

最初に、めあての言葉について一緒に考えていく。今回は「名人ってどんな人だろう」と投げかけ、一緒に目指す名人像を考えていく。その際、教師が学習でねらう名人像になるように上手く誘導する。今回の名人像は、「上手にできるだけでなく、教えるのも上手な人」とする。子どもたち全員が共通に理解し、納得することが大切である。

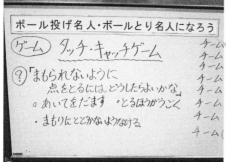

最初に提示しためあては、いつも一番上に出しておき、いつでもこのめあてに戻ってこられるようにする。

できるようになったのかという結果を大きく取り上げて評価していくと、勝敗にこだわる意識は低くなっていきます。

　これは特に、低学年から意識付けをしていくことが大切です。低学年の頃から指導していけば、高学年になっても自分やチームとして何ができて何ができなかったのかという点に目が向きます。さらに、成功体験を多く経験させてあげれば、子どもたちも満足して取り組み続けることができます。

　例えば、授業内で全員の前でできるようになった子やがんばっている子をほめたり、できたことを一緒に喜ぶ場面を取り入れたりしましょう。また、学習カードや学習ノートに記述させる際、勝敗の結果ではなく、自分の活動がどうであったかという活動の結果を書くよう指導しましょう。

　このように、子どもたちが体育の学習活動に楽しみや好奇心を感じながら取り組もうとする状況づくりが大切です。

（西川　直哉）

評価

子どものやる気を引き出す個人記録スキル

POINT
❶個人の記録を残す
❷1回目は全員記録，2回目以降は新記録を取る

①個人の記録を残す

　単元の途中で「前の時間の自分の記録を超えることを目標にしよう」「え？　自分の記録がわからない⁉」となってしまうことはありませんか。また，体育の授業を終えて子どもたちの様子を思い浮かべてみると，「あれ，あの子はどれだけできていたかな」「よくできたのかな，あまりできていなかったのかな」となってしまうことはありませんか。

　これらは子どもの個人記録を取っていないことが原因です。記録を残すことで，子どもたちは本時の目標を達成することができたか，次の時間の目標をどれぐらいに設定するか，ということを考えることができます。また教師としても，子どもの実態を把握することで授業計画の見直しにいかすことができます。

　個人の記録は，子ども自身が残しておくこと，教師が残しておくこと，両方を大事にしましょう。せっかく取った記録も教師しか手元で見られないのであれば子どもたちの意欲には結び付かないからです。

②1回目は全員記録，2回目以降は新記録を取る

　ハードル走，走り幅とび，水泳のクロール，他にも鉄棒において10秒で前

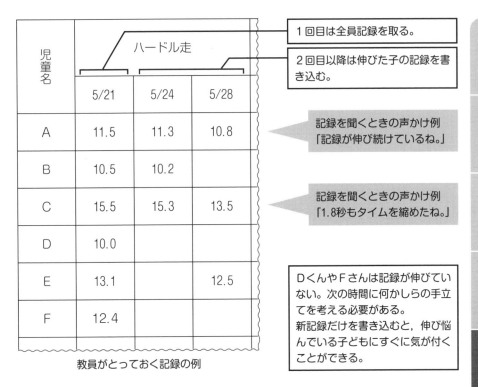

教員がとっておく記録の例

まわりおりができた回数など，1回目の記録を全員取っておきます。2回目以降は，授業中のきりのよい場面で集合させ，記録更新者のみを起立させ，順に記録を発表させます。この方法のよいところを三つあげます。

一つ目は，新記録を学級全体で共有できることです。学級トップレベルの記録を出すことはもちろん素晴らしいことですが，学校体育においてはそれ以上に個人にとっての記録を更新した，ということに価値をおきたいものです。この方法は，個人の記録の伸びを学級全体で共有し，祝福することができます。二つ目は，伸びていない，言いたくない記録を言わなくて済むことです。自分にとって魅力的ではない記録を全体の場で発表したいと思う子はいないでしょう。三つ目は，全員が言うわけではないので時間の短縮になるということです。

（橋本　泰介）

評価

チームが,学級が一つになる チーム記録スキル

POINT
❶記録は子ども・教師・掲示物の三つをそろえる
❷チーム記録を共有する

①記録は子ども・教師・掲示物の三つをそろえる

　リレーや長なわなど,1人では達成できない集団的な達成課題に取り組み記録が向上すると,集団の関係性がよくなってきます。ポイントは集団による成功体験。記録の向上を実感し,集団による成功体験が得られるようにチーム記録を活用します。

　記録は子ども・教師・掲示物の三つをそろえるようにします。子どもの手元にいつでも確認できて取り組み後も残るようにノートや学習カードを使って記録ができるようにします。教員も今後の授業計画や支援の計画を立てられるように記録します。さらに,取り組み期間中でも確認できるように掲示物を準備します。体育の授業中に見られるようにするため,小黒板を活用したり画用紙に書き込んでいくようにしたりします。掲示用の記録についてリレーを例にして右頁に示しました。

②チーム記録を共有する

　まず1回目の記録を書き,各班の記録をたしたものを学級の記録とします。これによって,各班の記録と学級の記録という二つの記録が生まれます。この記録を更新することが目標となります。

リレーのチーム記録の例

	9/12	9/24	9/21
1班	25.2	24.8 -0.4	24.6 -0.6
2班	23.7	23.5 -0.2	23.0 -0.7
3班	27.1	25.7 -1.4	25.7 (25.9)
4班	23.4	23.1 -0.3	22.8 -0.6
5班	24.3	24.0 -0.3	23.5 -0.8
学級	123.7	121.1 -2.6	119.6 -4.1

達成感をもたせやすくするためのポイント

- はじめの計測と比較した伸びを記入。
- 前回から記録が伸びなかった場合，これまでのよかった記録をチーム記録とし，今回の記録を（　）書きにして残す。

記録に対する声かけの例

- 一人一人のがんばりが数字で見えるようになりました。この記録の短縮を目指しがんばりましょう。
- 3班はバトンパスがうまくいって記録が大きく伸びましたね。素晴らしいチームワークです。
- 学級全体でとても記録が伸びました。1人ずつ，1班ずつの努力の結晶ですね。

　次の時間は，その時間の記録を書き込み，タイムがどれだけ縮んだのかがわかるようにします。この数字が成果となります。各班の記録更新はわずかに見えても，学級としての記録はかなり伸びたように感じます。さらに次の時間の短縮時間の記録は，前の時間ではなくはじめの時間と比較して記述します。また，3班のようにタイムが伸びなかった場合はこれまでで1番よかった記録を学級用の記録として採用します。これらは全て，子どもたちが成果を実感しやすいようにするちょっとした魔法のようなものです。

　そして，記録が伸びたタイミングで何がよかったからタイムがよくなったのかを指摘することで，そうしたポイントが注目され，さらによくなっていきます。技能面だけでなく，子どもたちの取り組む姿勢を認めてあげることも大切です。こうした成功体験と承認によって，メンバーの関係性はさらに深まっていくはずです。

（橋本　泰介）

評価

記録が残る・振り返る 学習カード活用スキル

POINT
❶めあてを焦点化して設定する
❷負担に感じない程度に振り返る

①めあてを焦点化して設定する

　学習カードを活用するよさとして，めあてとそれに対する振り返りが一目で見え，子どもにわかりやすいということがあります。普段の授業でめあてがぼやけてしまい，ただ運動に取り組んだ，ということはないでしょうか。そんなときに，めあて入りの学習カードを活用することでその授業で取り組むべき内容がはっきりとします。右頁に載せた例は，めあてを「まとにむかって，つよいボールをなげましょう」とし，「体重移動」と「横向きから体を順にひねって投げること」を技能ポイントとして具体的に設定しています。子どもたちの運動経験が不足している場合，このようにより具体的に設定することが有効です。少しでも経験がある場合は，自分たちで技能ポイントを発見させることが可能です。また，思考力を高めるうえでも大切です。

②負担に感じない程度に振り返る

　体育で重要なことはやはり実際に体を動かすことです。自分なりのめあてを決めたり運動の工夫を考えたり，それらの振り返りを行ったりすることは重要ですが，時間をかけすぎては本末転倒となってしまう場合もあります。そうならないためにも，振り返りはサッとできるようにする必要があります。

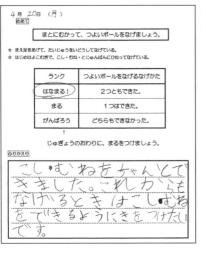

めあて・自己評価・振り返り
が一つになった学習カード。

図に自分で気を付けたポイントを
書き込む。

継続して書くことで前の記録
と比較できる。

　先ほどの投運動の学習カードでは，具体的な二つの技能ポイントに対して丸を付け，それに対して振り返りを記述しています。単元のおわりには，投運動のイラストに，自分が気を付けていたポイントを書いています。実際には例で示した予備動作のイラストに加え，ボールが手から離れたタイミングのイラストと二つ並べて書き込むようにして振り返りを行いました。また，ハードルや水泳など，タイムや距離といった数字で表しやすい種目は，4月当初にA4用紙に15行ある体育記録用紙を配布し，「日付・内容・記録・ひとこと」を記録しておきます。こうすることで教師も特別な準備をしなくてもよくなります。

　振り返りの記述内容は，喜びや悔しさなどの情意面，技能のポイント，自分自身の取り組んだ姿勢，友達との関わりなど，その授業のめあてと関連させて観点を指定するとよいでしょう。

（橋本　泰介）

評価

簡単に続けられ，指導に役立つ 即時評価グッズスキル

POINT
❶児童名簿を縮小して手帳形式のノートに貼り付ける
❷自分で記録の取り方を決め，毎時間少しずつ書きためる

①児童名簿を縮小して手帳形式のノートに貼り付ける

　毎時間記録を取ることは大切なことですが，簡単ではありません。しかし，工夫次第ですぐにその場で書け，簡単に続けることができます。

　他の教科でもそうかもしれませんが，あまり大きなノートやファイルだと，指導中に記録を取っていくことは難しいものです。したがって，小さく，場合によってはポケットに入るくらいのサイズにすることで簡単に持ち運ぶことができ，すぐに書くことができます。

　名簿の裏面には，授業後に気になった子を記録したり，次の時間の計画を書いたりすることができるようにしておきます。こうすると，記録をもとに次の時間の計画を考えることができます。また，「この子の記録があまりない」というときもあるかもしれません。このように目立たない子に気付いて指導にいかす，ということもできるのです。

②自分で記録の取り方を決め，毎時間少しずつ書きためる

　毎時間全員の記録を取ることは不可能です。また，即時性が大切なので記録のために長々と時間をとって肝心な指導ができない，では本末転倒です。すぐに書けるような記録の取り方のルールを決めるとよいです。

手帳形式のノートに名簿を貼り付ける(手帳ではなくノートでもよい)。その記録を見て,次の時間の活動を考えることもできる。

太鼓などと一緒に,体育用カゴに入れて運ぶこともできる。

ポケットにも入れられ,便利。

■**意欲**:やる気がある→や○/△。
■**態度**:話を聞く姿勢がよい→き○/△,お手伝いを一生懸命やっている→て○/△,準備や片付けを一生懸命やっている→じ○・か○/△。
■**なわとび,50m走,走り幅とび,走り高とびなど**:1回目の記録は必ず書きます。個人の学習カードにも必ず書かせますが,2回目以降は新記録だけ書きます。
■**ボール運動における動き**:パスがよい→パ○,あいている空間に動けない→あ△。
■**集団の結果**:ゲームの対戦結果(ボール運動)やクラスの記録の伸びや得点(長なわ・陸上運動)などを名簿の裏面に書いていきます。記録を残すことで伸びを認めたり,負けているチームの把握ができたりと,指導に役立ちます。

(髙橋 明裕)

評価

ぐんぐん技能を伸ばす教師の声かけスキル

POINT
❶動きのイメージができる言葉かけをする
❷関わり方を教えて評価する

①動きのイメージができる言葉かけをする

　運動にはリズムがあります。「トン・トン」「バン」などオノマトペ（擬音語・擬声語・擬態語）を使うことで運動のイメージをわかりやすく伝えられ，運動の感覚をつかむことができます。長々と説明するより，オノマトペを使って言葉かけをしていく方がはるかに効果的です。また，教師が使うことで，子どもたちも使うようになってきます。そうなると，授業に活気が出ます。また，相互観察の基準にもなるので，学び合いが深まるのです。

②関わり方を教えて評価する

■意欲や態度面をほめる

　ボール運動など，ゲームの前にあいさつをしたり，円陣を組んだりする際に，大きな声の子や，素早く並んでいる子，男女で握手をしている子などをほめます。「元気がいいね！」「勝てそうだね！」「男女でしっかり握手をしていてえらいね」などとほめると，もっとやる気が出ます。

■できた子，上手な子を見付けさせてほめる

　器械運動で初めてできた子，ボール運動で上手に動けている子など，先生に報告することを教えます。「よく見ていたね！　えらい！」とほめること

でもっと仲間の運動を見るようになります。また、仲間のよいところに目が向き、学級経営の面でも効果的でしょう。

■お手伝いの仕方を教えて補助が上手な班をほめる

　鉄棒運動では補助が効果的です。だるまままわり、後方ひざかけまわりなど、補助でできれば一人でできるようになっていきます。「この班はお手伝いが上手だなあ！」と補助の仕方をほめると、より一生懸命補助しようとするようになります。また、できるようになったときには「○○くんができるようになったのは、班のお手伝いも上手だったからだね！」とほめることも忘れません。さらに、「まだできていない子がいる班はその子をできるようにお手伝いしてあげてね！」「どの班が早くできるようにさせてあげられるかな⁉」などの言葉かけをすると、俄然補助への意欲が出ます。集団全体の技能が伸びます。

(髙橋　明裕)

体つくり

馬とび：怖がってとばない子への指導スキル

> **POINT**
> ❶低い馬を両足でとびこす
> ❷教師が補助をする

①低い馬を両足でとびこす

　馬とびを授業で扱うと，馬を前にして呆然としている子がいます。もしかしたら先生方のなかにもそのような経験をされた方がいるのではないでしょうか？

　馬とびをするのが怖い子は，開いた両足の下を人が通過することやとんだ後にどのようになるのか想像できないことなどで怖さを感じます。まずは，低い馬を両足ジャンプでとびこすことから経験させてあげましょう。怖がる間は無理に馬とびの動き方を強いる必要はありません。

　また，馬とびをするのが怖い子は，片足ずつ馬をまたぐようにこえてしまいがちです。低い馬を両足で踏み切って両足で着地することから始めるといいでしょう。

②教師が補助をする

　両足踏み切りでとびこすことに慣れてきたら，馬に両手を乗せて，ジャンプと同時に馬を押すようにします。最初はジャンプと一緒に下方向に押す感じになります。ここで教師がジャンプに合わせて補助をします。ももの裏を支えつつ，腕をしっかりつかんで安全に馬の反対側に運んであげましょう。

・低い馬は，四つんばいの姿勢。アゴを引いて頭を引っ込める。
・2回ほど小さくジャンプしてから両足でとびこす。
・慣れたら，両手を馬の子の背中に置き，ジャンプと一緒に押す。

・教師の補助は，右手（利き手）でももの裏を支えるようにして持ち上げ，馬の反対側まで運ぶ。
・左手（利き手と反対）は，上腕を握って支え，顔から落ちないような安心感をもたせる。

　補助での馬とびに慣れてきたら，手でしっかりと馬を押すことを意識させます。特に，両足の間から後ろへ手を押し込む動きを意識させます。壁を背にして足を広げて立ち，上半身を倒して両足の間の壁を押す練習をしてもよいでしょう。

　馬とびは，失敗すると大きなケガにつながることがあります。馬から離れての助走は絶対にやらせてはいけません。馬が支えきれずに崩れてしまいます。馬とびをとんだ瞬間に馬の子が膝を曲げたりかがんだりするのも危険です。とんだ子が馬の背中を押せなくなり，そのまま顔面から落下する危険性があります。鼻骨骨折や前歯の骨折などの可能性があるので，馬の子には足を広げて全身にしっかりと力を入れさせて動かないようにする指導が必要です。

（清水　　由）

体つくり

折り返しの運動：
楽しく運動させるスキル

POINT
❶ リレー形式で盛り上げる
❷ 太鼓や応援の声で盛り上げる

① リレー形式で盛り上げる

　基礎感覚づくりをするには，スキップやケンケン，動物歩きなどの様々な動きをたくさん経験させる必要があります。しかし，比較的簡単で単調な動きが多いため，単にそれらの動きを繰り返し経験させるだけでは，子どもたちにとっておもしろくありません。

　子どもたちが楽しく運動するには，行って返ってくる折り返し形式を使ってリレーさせるといいでしょう。4人で1グループの班をつくり，前から順番に1列ずつ折り返しで様々な運動をさせます。行きは教師の指示する動きを行わせ，返りは走って返ってくるやり方がいいでしょう。

　そして，「4人がきちんと並んで座り，手を挙げた班」をゴールにします。どこが速いかを見るよりも，しっかり最後まで運動していたかとか，友達が運動しているときに応援できたかといった態度を見て子どもたちをほめていくようにします。

　動物歩きは，クマ歩き，ウサギとび，クモ歩き，アザラシ歩きなどが有名です。立って行う運動では，スキップやケンケン，大また歩き，後ろ走りなどを行うといいでしょう。真ん中にマットを敷いてとび越すようにしたり，前まわりなどの動きを行わせたりする方法もあります。

- 行う運動を決めたら教師の合図でスタートし，タッチで4人が運動を行い，全員が終わったら座って手を挙げる。
- 次の子は，しっかりとタッチしてからスタートする。

- 太鼓は音の強弱や速さ，胴と腹の使い分けで子どもの動きに合わせた音が出せる。
- 走るときは「トトトトト」，スキップのときは「トットトン，トットトン」などと決めておくと，何を行うか言わなくても子どもたちは動作がわかる。

②太鼓や応援の声で盛り上げる

　折り返しの運動は，見た目以上に負荷のかかる運動です。雰囲気を盛り上げて子どもたちが楽しく動けるようにしましょう。

　まずは，太鼓を使うことを覚えましょう。子どもたちの動きに合わせて太鼓を「トン，トン，トン」と叩きましょう。スキップやウサギとびのように動きに変化のあるものについては，太鼓の腹を叩く「トン」だけでなく胴を叩いた「カン」の音も使うといいでしょう。例えば，手と足を順番に着くウサギとびであれば「トン，カン，トン，カン」と順番に叩くのです。

　また，友達が運動している間は，しっかりと見て「がんばれ〜」と応援するように声かけをします。「がんばれ」の声が多く出るほど雰囲気は盛り上がり，楽しく運動できるようになります。

(清水　由)

体つくり

短なわ前とび：
一回旋二跳躍の修正スキル

POINT
❶かけ足とびでリズムをつかむ
❷エアーなわとびで行う

①かけ足とびでリズムをつかむ

　二回旋一跳躍は，なわとびをはじめたばかりの子がとべるようになるために必要な動きです。ただし，二回旋一跳躍ばかりでとんでいるとそれがクセになってなかなか一回旋一跳躍でとべるようになりません。最初の頃は二回旋一跳躍でとべるようになったと喜んでいてもいいですが，できるだけ速やかに一回旋一跳躍ができるように練習したいものです。

　一回旋一跳躍ができるようになるためには，なわまわしの技能がある程度身に付いている必要があります。かけ足とびで回旋ごとに一度なわをとぶ感覚を身に付けさせましょう。一回旋一跳躍ができない子は，なわをまたぐ足がいつも同じ足になってしまいます。ゆっくりでもいいので，交互になわをまたぐように意識させます。

　最初は，歩きながら交互になわをまたぐようにして，慣れてきたら少し早くまわして走りながらとぶように意識させます。止まったままできるようであれば，止まって練習してみましょう。

　一回旋を片足ずつまたげるようになったら，両足とびに挑戦してみましょう。そのとき，かけ足とびで行ったリズムで同じように行うようにします。すぐ隣で声をかけてあげましょう。

- 最初は大きくまわしながらでいいので，1歩につき1回しっかりとまわすことを確認しながら行う。
- 少しずつ速くしていく。
- 走りながらとべるようになることを目指す。

- エアーなわとびは，脇をしめて手首でまわすことをイメージしながら練習させる。
- しっかり手首をまわすイメージでリズミカルに小さくジャンプできるように練習する。

②エアーなわとびで行う

　どのなわとびの技の練習をするときも同じですが，なわを使わずに手の動きだけを練習することが上達への近道です。なわがあるとちょっとしたことですぐに引っかかってしまい，動きのイメージをつくりにくいのです。

　なわを持たずに一回旋一跳躍の動きを練習します。ジャンプのリズムと手首の回旋のリズムが合うように横で「トン，トン，トン，トン」や「手首をくるっ，くるっ，くるっ，くるっ」などと言ってリズムの声をかけてあげましょう。

　エアーなわとびは，交差とびやあやとびはもちろん，二重まわしなどを行うときの練習としても大変に効果的です。

(清水　由)

体つくり

短なわ後ろとび：腕を開いてとんでしまう子への緊張解消スキル

POINT
❶片手ずつまわしながらとぶ
❷脇にハンドタオルや色帽子をはさむ

①片手ずつまわしながらとぶ

　後ろとびは子どもにとって，なわが見えないので難しい運動となります。前とびと同じように，一回旋二跳躍の練習から始めて，続けてとべるようにしていきます。

　前とびがとべる子は，それほど苦労することなくとべるようになりますが，体が緊張したままとんでしまいます。腕に思い切り力が入るので，腕を開いた状態でとんでしまいます。その状態は，後ろへの回旋の動きがまだ慣れていないということです。

　後ろへ回旋する動きを高めるために，両方のグリップを片手で持ってまわすとよいでしょう。そのとき，しっかりと脇をしめてまわすように意識させます。なわまわしに合わせて小さくジャンプすると効果的です。

　基本的に後ろとびは，前とびと平行して練習させます。前とびと同じ回数を後ろとびでも行えば，同じように上手になっていきます。

- 最初は後ろにまわすだけから始める。
- 慣れてきたら，なわのまわるリズムに合わせて小さくジャンプする。
- 片手ずつ両方の手で行う。
- 脇を締めて手首でまわすことを意識するように常に横から声をかける。

- 脇の下に色帽子やハンドタオルといった小さなものをはさんでとぶ。
- 両脇にはさんでもいいが，片方でもいい。
- どうしても落としてしまうようであれば，なわとびを片手で持って練習する。
- 切れたなわとびを両手で持って練習するのも効果的。

②脇にハンドタオルや色帽子をはさむ

　腕を開いたとび方をしている子は，腕に力が入っているので脱力してとべるように練習する必要があります。基本的には子どもが自分で脇を締めることを意識していかなければなりませんが，小道具を使う方法もあります。

　脇を締めるためには，ハンドタオルや色帽子をはさみながらとぶ練習をするといいでしょう。落とさずに一定時間とぶことができたら上手になっている証拠です。

　どうしても落としてしまう場合は，片手でなわとびの両方のグリップを握り，片手ずつ練習しましょう。

（清水　由）

体つくり

36 短なわ二重とび：何とかとべるようになる腰抜け指導スキル

> **POINT**
> ❶ 台の上からジャンプして，なんとか2回まわす
> ❷ 膝を前に思い切り曲げて，なんとか2回まわす

❶ 台の上からジャンプして，なんとか2回まわす

　二重とびができるようになるには，素早くなわを2回まわす技能が必要です。ところが，素早くなわを2回まわすことがなかなか難しいのです。

　そこで，1回のジャンプで足の下をなわが2回通り過ぎる感覚を覚えてもらうことから始めます。そのためには，空中にいる時間を長くする必要があります。

　台の上になわを構えて立ち，前まわしを始めた瞬間に思い切りジャンプします。地面からとぶよりは空中にいる時間が長いので，ある程度なわまわしの技能が高まったら2回まわすことができます。

　台の上からジャンプしたら，少しでも空中にいる時間を長くしたいので，膝を思い切り前に曲げてとび，着地がしゃがんだ姿勢になるようにします。

　コツとしては，多くの子が1回まわしたところで手を止めてしまうので，1回まわした後になわが足の下を通るように後ろに引くような感じで2回目のなわまわしをするといいです。

- 台の上で前とびの構えをしたら、最初に少しまわし始めてからジャンプをすると2回目がまわしやすくなる。
- できるだけ長い時間空中にいられるように、膝を曲げて丸まった姿勢で着地する。

- 台を使わない場合でも、台の上からと同じように、できるだけ長い時間空中にいられるように、膝を曲げて丸まった姿勢で着地する。
- ジャンプボードがあれば、その上でも同じようにとぶ。

②膝を前に思い切り曲げて、なんとか2回まわす

　高いところからジャンプして着地までの間に2回まわすことができたら、次は地面でジャンプして2回まわすことに挑戦します。とにかくできるだけ空中にいる時間を長くしたいので、膝を前に曲げ、着地がしゃがんだ姿勢になるようにとびます。

　なわまわしの方も台からジャンプしたときと同じように2回目をまわすことを意識させましょう。いきなり二重とびをしようとするよりも、3回程度普通の1回とびをして、なわの勢いを付けてから膝を思い切り前に曲げて2回まわすことに挑戦させてもいいです。

　なわとびのジャンプボードがあれば、その上で跳ねているだけでも楽しいので、引っかかることを嫌がらずに楽しく上達していきます。

（清水　由）

体つくり

長なわ8の字とび：
なわに入れない子をとばすスキル

POINT
①口伴奏をしてグループ全員で心と体を同調させる
②後ろの子が一緒に入ったり押したりする
③入るタイミングでなわのスピードを緩める

①口伴奏をしてグループ全員で心と体を同調させる

　長なわに入るタイミングを「入って〜，ジャンプ，入って〜，ジャンプ」といった感じでグループ全員に声を出させます。全員が声をそろえることで心と体が同調（シンクロ）します（1グループは8人程度とし，挑戦できる機会をできるだけ多くとれるようにします）。

　まだタイミングがよくわかっていない子は，みんなと合わせて声に出すことによって体にそのタイミングが染みこんでいきます。声を出さないとなかなか体が思うように動かないのですが，グループの仲間と声を出していると自然とタイミングよく動けるようになっていきます。

②後ろの子が一緒に入ったり押したりする

　グループの仲間と口伴奏をしながらも，入れない子の後ろを上手な子にし，よいタイミングで一緒に入ってあげたり背中を軽く押して教えてあげたりすると入れるようになります。口伴奏でも同じですが，一度入ってとぶという成功体験をすると，自信をもちはじめます。自信をもって思い切ってスタートがきれるようになれば，なわに引っかかることはなくなります。

- 仲間と「入って〜，ジャンプ」という口伴奏で同調することで入るタイミングやとぶタイミングがわかる。
- 一緒に入ってあげる仲間や背中を押してあげる仲間がいても入りやすくなる。ただ，そういう子は，優しい子であるとなおよい。厳しいお手伝いは，まだできていない子を萎縮させる。

- なわまわしが上手だとすぐにできるようになる。
- 子どもたちと口伴奏で同調しながらも，まわし方をゆっくり大きくすることで入れるようになる子が増える。
- 教師がまわす場合は，とぶ子の足下を見て，タイミングを合わせてあげるということもできる。

③入るタイミングでなわのスピードを緩める

　なわまわしが上手であればあるほど，すぐに入れるようになります。まだ入れない子がいるグループには，教師がまわしてあげましょう。

　まわし方のポイントとしては，ゆっくり大きくまわすことが大変重要です。余裕があれば，長なわを上方向にまわすときは普通のスピードでもいいですが，上から下に下ろすときにできる限りゆっくりとまわすようにします。

　また，なわが地面についたら，少し真横に腕を運んでなわが地面を進む時間を長くすると，子どもがなわを見やすくなります。そのなわを追いかけさせて入るタイミングとします。

　まわしながらも「入って〜」とか「追いかけて〜」などの声をかけることを忘れないようにしましょう。

（清水　由）

器械

マット前転：起き上がりが上手にできない子への指導スキル

> **POINT**
> ❶起き上がる際に足を小さく手は前に出させる
> ❷回転を加速させる

　前転で起き上がりがうまくできない原因として，起き上がる際の姿勢ができていないことと回転の勢い不足が挙げられます。この二つの原因を解消できるように，ゆりかごの運動から取り組んでいきます。

①起き上がる際に足を小さく手は前に出させる

　前転で起き上がる際に，おしりをついたまま起き上がり切れなかったり，片方の足が横に倒れて手でマットを押すようにして起き上がったりする動きが見られます。そうした場合，起き上がる場面に注目して二つのことを意識させてゆりかごから取り組ませてあげましょう。一つ目は，足を小さくたたむことです。これができていないと，かかととおしりが離れた状態になってしまい，起き上がることが難しくなってしまいます。「膝を曲げてぎゅっと小さく！」「かかとをおしりにくっつけて！」といった声かけが効果的です。二つ目は，手を前に出すことです。上手に起き上がっているように見える子のなかにも，手でマットを押して起き上がっている子もいます。「ヨイショはバツ（手をマットに着く）」と示したうえで，手を前に出すことを指導します。そうすることによって，前方に勢いがついて起き上がりやすくなります。また，前転の連続などといった発展した動きにもつながります。

大きなゆりかごで起き上がる感覚をつかむ。

足を小さくたたんで，勢いよく起き上がる。

手を前に出すと起き上がりやすくなる。

前転の途中で
回転を加速させる。

足を回転方向に投げ出すようにする。

腰の角度を
大きくする。

②回転を加速させる

　前転で起き上がる際の姿勢をよくしても，回転の勢いが不足していては上手に起き上がることはできません。はじめから勢いよく回転するということも効果的ですが，前転のポイントである「回転途中で加速させる技術」を身に付けさせたいものです。

　前転の途中，逆さまになったタイミングで足を回転方向に投げ出すようにします。そうすると，腰の角度が大きくなり回転が加速されます。そこから一気に起き上がりに向けて足を小さくたたむことでスッと起き上がることができます。前転ができると思っていた子も，「上手になった！」と実感できます。こうした動きもゆりかごで習得することができます。上手になってきたら，起き上がってすぐに上や前にジャンプをする，といった課題に取り組むとよいでしょう。

（橋本　泰介）

器械

マット後転：勢いがなくまわれない子への指導スキル

POINT
❶坂道とお手伝いで勢いを補う
❷「おしり遠く，肩倒し」で勢いをつける

　後転は，回転できない・首が痛い・両足で立てないなど，「できない・難しい」と感じてしまいやすい運動だと言えるでしょう。その反面，できたときの達成感は大きいものです。後転には回転感覚や手の押しといった中核的な技能がありますが，ここではその一つと言える，「勢い」に焦点を当てます。

①坂道とお手伝いで勢いを補う

　後転は回転することができないと意欲が低下してしまいます。時には恐怖心を抱いてしまうことも。そうならないように，やさしい課題や条件から取り組んで，「できる・できそうだ」という自信や，回転感覚・手の押しといった技能を獲得することが重要です。そこで，坂道やお手伝いで「勢いをつける」という課題をやさしくします。右頁の写真①は，スロープになった柔らかいマットの上で後転を行っています。スロープがない・スロープで上手に回れるようになった場合は，写真②のように踏み切り板をマットの下に入れます。傾斜が緩くなり，自力で勢いをつける必要が出てきます。

　ただし，坂道によって勢いが補われても，自らブレーキをかけたり足が後ろにいかず，上や横にいってしまったりすることがあります。そうした際にはお手伝いが有効です。お手伝いは，ただ回転方向にまわすだけでは首を痛

スロープ

踏切板

お手伝い

坂やお手伝いによって勢いの不足を補う。

補助は矢印の方向へ少し持ち上げるようにする。回転させるだけでは首を痛めてしまう。

・赤白帽を後ろに置き，それを越えておしりを着く。
・少しずつ遠くにおくようにするとよい。
・成功か失敗かわかりやすいというよさがあり，友達に見てもらいやすい。

おしりが着くときに肩を少し後ろに倒すようにする。怖がって前屈みになっているとおしりを打ってしまう。太ももとお腹を離すような感覚。坂を使った段階で肩を倒す感覚を身に付けておく必要がある。

めてしまうので，写真③のように腰のあたりを少し持ち上げるようにします。この補助は坂道がなくなって平らな状況で行う際に，勢いを補う効果もあります。低学年では教師が補助しますが，高学年であれば友達同士で行うことも可能です。

②「おしり遠く，肩倒し」で勢いをつける

　補助具に頼らず自ら勢いをつけます。はじめに構えた姿勢のすぐ後ろに赤白帽を置き，それを越えるようにおしりを着きます。少し遠くにおしりを着くことで勢いが生まれます（写真㋑）。そのとき，少し肩を後ろに倒すようにします。肩が倒れていないと，ドスンとなって痛い思いをします。肩を倒すことで，増した勢いが回転エネルギーへと変わります（写真㋒）。(橋本　泰介)

器械

マット開脚前転：
膝が曲がる子への指導スキル

POINT
❶膳の上のあたりにぎゅっと力を入れる
❷開脚座やゆりかごから起き上がる

①膝の上のあたりにぎゅっと力を入れる

　膝が曲がってしまう場合，伸ばそうという意識がほとんどないということがあります。考えてみれば，日常生活において曲げることはあっても意識的に伸ばそうとすることはほとんどないのではないでしょうか。器械運動の非日常性の動きの一つと言えるでしょう。膝が曲がらないようにするためには膝の少し上のあたりにぎゅっと力を入れる必要があります。そこに力を入れると一般的に膝のお皿と呼ばれる膝蓋骨がよく動きます。長座（両足をそろえて伸ばして座った状態）や開脚座（開脚して座った状態）で力を入れて，足を１本の棒のようにして動かしてみる時間をつくって，「力を入れて伸ばす」という感覚を身に付けさせましょう。

②開脚座やゆりかごから起き上がる

　膝が曲がらないようにする感覚が身に付いたら，開脚座の状態から手を両足の間，できるだけ体に近い位置に着いて起き上がるよう説明します。もちろん，膝が曲がらないよう指示します。この動きはなかなか難しく，体の柔軟性と腕で強くマットを押す力が必要なことに子どもも気が付くでしょう。
　この二つを，前転の勢いで補うことができます。体の柔軟性・腕でマット

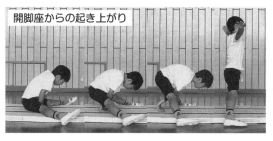

開脚座からの起き上がり			
開脚座の際に膝の上のあたりに力を入れる。	頭を前に突き出し，前傾姿勢になる。	手でぐっとマットを押して起き上がる。	

マットを重ねる

足よりおしりと着手の位置が高くなっているので起き上がりやすい。3枚重ねてもよい。

ゆりかごからの開脚起き上がり

を押す力・前転の勢いといった要素が不足すると，起き上がりやすくするために足先を体に近付けてしまい，その結果膝が曲がることとなります。それらの能力を高めるために，ストレッチ・アザラシと呼ばれる腕立て姿勢から両手の力だけで進む運動・前転の加速技術などが重要となってきます。

　そうした能力の向上と並行して，開脚座から起き上がりの動きに取り組みます。マットを複数枚重ねる・ロイター板をマットの下に入れるなどといった場の工夫をして，おしりや着手位置より足先だけ低くすると起き上がりやすくなり効果的に起き上がる動きを習得できます。そして，ゆりかごや背倒立から開脚の起き上がりを行うことで，段階的に開脚前転の動きを習得することができます。

(橋本　泰介)

器械

マット側方倒立回転：体が斜めになる子への指導スキル

> **POINT**
> ❶まずは壁倒立を上達させる
> ❷マットの縫い目やゴム紐を活用する

　側方倒立回転は，経験のない子にとってはどちらの手や足を着くのか，その順序がわからない，というように混乱が生じやすい運動と言えます。ですから，川渡りといった基礎的な運動から取り組む必要があります。ここでは，手や足の着く順序などは習得できたけれど，足先が高く上がらずに体が斜めになってしまう，という子どもへの指導スキルを紹介します。

①まずは壁倒立を上達させる

　側方倒立回転と壁に向かって片足を振り上げて倒立になる動きは深い関係があります。よく技の名前を見てみると，側方倒立回転というように，途中に倒立が入っていることに気が付きます。側方倒立回転の前半部分は，壁倒立を側方に行った，つまり１／４ひねった動きなのです。ですから，壁倒立で，振り上げ足の振り上げ動作と踏み切り足の踏み切り動作が身に付けば，側方倒立回転でも足先が高く上がるようになります。壁倒立，側方倒立回転とも振り上げ足と踏み切り足が重要です。二つはウィンウィンの関係です。

②マットの縫い目やゴム紐を活用する

　次の段階は，場を工夫して体が斜めにならず真っ直ぐできるようにしていきます。その際に自分自身の動きが真っ直ぐなのか斜めになっているのか，

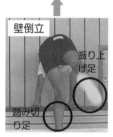

自分ではよくわかりません。ICTの活用や友達からのフィードバックも有効ですが、ここでは、自分自身で判断できるわかりやすい方法を二つ紹介します。一つ目は、線の間で側方倒立回転を行うことです。はじめは「マットから落ちずに」という課題でよいでしょう。上手になってきたら、テープの間や、マットの縫い目幅何本の間でできるかな？と呼びかけてみます。「3本の間でできた！」「1本でできたよ！」と、活発な声が聞こえてきます。マットの縫い目幅1本の間で「踏み切り〜着手〜着地」ができればかなり真っ直ぐな動きになっているはずです。二つ目はゴム紐を使う方法です。腰の高さ・膝の高さ・足首の高さと段階を設定すれば、徐々に足先が高く上がるようになります。どちらの方法も子どもにとってめあてと結果が自分自身でわかりやすく意欲的に取り組むことができます。

（橋本　泰介）

器械

とび箱開脚とび：手で押して止まってしまう子への指導スキル

POINT
❶切り返し動作につながる感覚つくりを行う
❷段階的なまたぎ下りからとびこしへつなげる

①切り返し動作につながる感覚つくりを行う

　助走をつけてとび箱の開脚とびをしたときに，「ブレーキをかけるように手を着いてしまう子」「とび箱の上に座ってしまう子」はいませんか。

　これは，手を着いて肩を前に出したり，手で突き放して体を起こしたりする切り返し動作につながる体重移動の感覚が身に付いていないことが原因です。このような子には，「カエルとび」や「支持でのまたぎ乗り・下り」を行わせましょう。

　カエルとびはとび箱を使わずに床で行います。「手－足－手－足」の順番で着いていきます。両手を着いた外側に両足を広げて着くようにし，足が手より前に着地するように行わせます。10mを何回で行けるかペアや班の子に数えさせたり，リレー形式で行ったりし，切り返し動作につながる体重移動の感覚を身に付けさせていきます。

　支持でのまたぎ乗り・下りは，またいでも足が着かない程の高さのとび箱を連結させ，とび箱に乗ってから下りるまでの手を着く回数をできるだけ少なく行わせます。2チームに分けて両側からスタートさせ，出会ったらじゃんけんをする「どんじゃんけん」のようなゲームにして楽しませることもできます。その際は，互いの頭がぶつからないように気を付けさせましょう。

手のひら全体を着いて「手ー足ー手ー足」の順に行わせる。

またぎ乗りで移動し，出会ったらじゃんけんをさせる。

顔を上げて前を見るようにさせる。

手を胸の前に構えた状態から行わせる。

②段階的なまたぎ下りからとびこしへつなげる

　手で押して止まってしまうもう一つの原因は，助走距離が長く，スピードがつき過ぎたことによる恐怖心があげられます。

　そこで，切り返し動作につながる感覚が身に付いてきたら，手を着いて体重移動しながら着地するという経験を段階的に踏ませることで恐怖心を和らげます。最初は2・3段程度の高さのとび箱で，踏み切り位置から奥の方に座った状態で手を着いてまたぎ下りをさせます。できるようなら徐々に座る位置をとび箱の真ん中，手前側としていきます。そして，とび箱の手前に立った状態からのとびこしをさせます。このときは体を前に投げ出すために，手を胸の前で構えた状態から行わせます。こうした動きが身に付いたら，少しずつ助走をつけさせていくとよいでしょう。

(近藤　拓自)

器械

とび箱台上前転：頭頂を着いて倒れる子への指導スキル

POINT
❶ まずはマットで前転をチェックする
❷ 踏み切りの強さに合わせて高さを設定する

① まずはマットで前転をチェックする

　台上前転をさせると，「とび箱に頭頂を着いて回転しようとして横に倒れる子」や「頭頂を着いて回転できず，踏み切りをピョンピョンと何度も繰り返している子」はいませんか。

　これは，ひじを伸ばして体を支える腕支持感覚や，頭頂部ではなく後頭部を着いて滑らかに転がる順次接触が身に付いていないことが原因です。このような子は，マットでの前転においても頭頂を着いていることが多いはずです。

　前に転がるには，頭を中に入れるための空間が必要になります。ひじを曲げて手を着くと，どうしてもその空間が小さくなり，頭頂を着いてしまうことになります。ひじを伸ばし，体を支える腕支持の感覚を身に付けるためには，「カエルの足うち」や「手押し車」などの運動をさせるとよいでしょう。

　また，マットでの前転で，ひじが伸びていても頭頂を着いてしまう子には，頭を入れて転がらせるために，「手を着いた後にへそを見るように」という指示をします。へそを見るようにすることで自然と頭が中に入り，背中を丸めて転がることができるようになります。これを繰り返して，頭頂を着かないで前に転がる感覚を身に付けさせていきます。

手と手の間を見る。

おなかを反らさない。

おへそを見るように。

踏み切り板ジャンプで，腰を高く上げる。

連結とび箱をつくり，少しずつ段差を大きくしていく。「トン・トン・トンまわる」のリズムでまわらせる。

②踏み切りの強さに合わせて高さを設定する

　頭頂を着いて倒れてしまうもう一つの原因は，踏み切りの強さがたりないことです。倒れてしまう子は，その子の踏み切りの力に合っていない高さのとび箱で台上前転をしていないでしょうか。とび箱の高さが上がると，ひじを伸ばして頭を入れる空間をつくるため，腰を高く上げなければなりません。

　そこで，腰を高く上げるために，両手をとび箱に着いた状態で踏み切り板を使ってジャンプする動きを練習します。腰の位置が頭より上がるようになったら，「トン・トン・トンまわる」のリズムでまわってみます。「トン」のときにはひじを伸ばして手を見るようにさせ，「まわる」で頭を入れて回転させます。段差の少ないところからはじめ，徐々に段差を大きくしていくことで，高いとび箱での踏み切りにつながっていきます。

（近藤　拓自）

器械

44 鉄棒逆上がり：体を反らしてしまう子への指導スキル

POINT
❶だんごむしを10秒行う
❷振り上げ足のつま先を見る

①だんごむしを10秒行う

　鉄棒で逆上がりをしようとすると，「踏み切った後に体を反らしてしまい，おへそと鉄棒が離れていってしまう子」「ひじが伸びてしまい，ももを鉄棒の上に乗せられない子」はいませんか。体を反らしてしまう子の原因として，二つのことがあげられます。

　まず，体の締め感覚が身に付いていないことが一つ目の原因です。体の締め感覚とは，体全体に力を入れてそのままの姿勢を保つような感覚で，逆上がりをするためにはとても大切です。このような感覚が身に付いているかは「だんごむし」の運動をさせてチェックしてみましょう。「だんごむし」とはひじを曲げての持久懸垂のことで，あごの位置が鉄棒の下にならないように姿勢を保ちます。この運動が10秒できるようだったら，逆上がりに必要な体の締め感覚が身に付いていると言えるでしょう。

　「だんごむし」ですぐに足を着いてしまう子には，「ななめ懸垂」をさせます。「だんごむし」よりも負荷が軽く，比較的体重の重い子でも，懸垂姿勢を保つことができます。「ななめ懸垂」ができるようになったら，「だんごむし」をさせてもよいでしょう。継続的にこれらの運動に取り組み，体の締め感覚を身に付けさせていきます。

【だんごむし】
手は肩幅くらいで，脇を締めさせる。

【ななめ懸垂】
おしりが下がらないようにさせる。

あごが上がらないようにするため，
足のつま先を見るようにさせる。

教師がかざした手を見ながら，
つま先で蹴るようにさせる。

②振り上げ足のつま先を見る

　体を反らせてしまうもう一つの原因として，首を反らせてあごを上げてしまっていることがあげられます。「足を振り上げると同時に頭を後ろに倒して」という指示をすると，このような姿勢になることがあります。

　楽に逆上がりをするには，背中を丸めてひじを曲げたまま，ほんの少しの踏み切りですばやく振り上げ足のもも（腰）を鉄棒にかけることが重要となります。こうすることで回転半径が小さくなり，少ない力でも逆上がりができるようになります。そのためには，視線が大切になります。「振り上げ足のつま先を見る」ことで，首を反らすことなく背中を丸くすることができます。また，教師が鉄棒上に手をかざして，そこをつま先で蹴ることを意識させながら逆上がりをさせるようにしてもよいでしょう。

（近藤　拓自）

器械

鉄棒膝かけ後ろまわり：振り足が離れてまわれない子への指導スキル

> **POINT**
> ❶振り足をまわす方向をチェックする
> ❷背中真っ直ぐ，素早い膝かけをチェックする

①振り足をまわす方向をチェックする

　鉄棒の膝かけ後ろまわりをさせると，「振り足が鉄棒から離れてしまって，上がりきらない子」や「おしりが下がって回転力がたりない子」はいませんか。これは，振り足をまわす方向が違っていたり，膝を軸とした回転をするための体の使い方が身に付いていなかったりすることが原因です。

　振り足のまわす方向をチェックするには，おへそくらいの高さの鉄棒に片膝をかけ，反対の足で立った姿勢をとらせます。そこから片足で軽くジャンプして後方に回転し，足のつま先が円を描くようにまわっているかを見ます。足のつま先が前方に流れていき，鉄棒から離れていくようだったら振り足をまわす方向がまだわかっていません。そんなときは，「つま先で天井を指す」イメージで回転させます。はじめのうちは教師が補助し，つま先が天井を指しているところで止めて，感覚をつかませてあげるとよいでしょう。

　また，振り足が鉄棒から離れてしまう原因として，体の締め感覚がまだ身に付いていないこともあげられます。回転することで振り足に遠心力がかかるため，鉄棒から振り足が離れないように，体を締める必要があります。そこで，体を締める感覚を身に付ける運動や，片足を着いたところからの膝かけ振りをさせていくとよいでしょう。

つま先が前方に流れてしまっている△。

足の回転方向をつかませる。

つま先で円を描くようにしている◎。

真っ直ぐ,素早い膝かけ。

②背中真っ直ぐ,素早い膝かけをチェックする

　膝かけ後ろまわりをするためには,勢いのある回転が必要になります。勢いよく回転するために,次の二つのことができているかをチェックします。

　それは,「背中真っ直ぐ」と「素早い膝かけ」です。振り足を大きく後ろに振ると同時に,「背中真っ直ぐ」にしながら体を後ろに引き,「素早い膝かけ」で,後ろに回転させます。背中が丸まったり,しっかり膝裏にかけないで回転したりすると,おしりが下がり回転の勢いが弱くなります。

　そこで,ペアや班の子に「背中が真っ直ぐになっているか」「素早く膝をかけているか」をチェックさせ,アドバイスをさせながら取り組ませるとよいでしょう。勢いのある回転で,つま先の回転方向を意識させることで,振り足が離れずにまわることができます。

(近藤　拓自)

陸上

走る：速く走れるようになる スタート指導スキル

POINT
❶いろいろな姿勢でスタートダッシュをする
❷友達とスタート姿勢をチェックする

①いろいろな姿勢でスタートダッシュをする

　「位置について，ヨーイ！」と声をかけると，「同じ側の手と脚を揃えて構える子」や「ただ脚を引いているだけの子」はいませんか。これでは，速く走るためのよいスタートはできません。このような子たちは，「ドン！」と合図があってから，手を入れ替えたり，重心を落としたりして走り始めます。これは，スタート前の準備姿勢が身に付いていないことが原因です。そんなとき，いろいろな姿勢でスタートダッシュをして比較できるようにし，速く走るためのスタート姿勢とはどういう姿勢かを体験できるようにします。

　スタートダッシュが結果を左右する距離（10〜15m）で競走します。素早く合図に反応することをねらいとし，あえて「ヨーイ！」を入れず，いきなり笛で合図を出します。笛の合図の後，7歩ぐらいは太鼓でリズムをとってあげるとよいでしょう。教師は，フィニッシュラインを横から見て，上位2〜3人の子の名前を伝えます。上位の子は，姿勢を変えて挑戦します。段階的にスタートしにくい姿勢を提示することで，スタート姿勢を比較することができます。また，全員が上位を経験することもできるので，子どもたちの意欲も高まります。毎時間の最初に取り入れると，大変盛り上がり，心と体の準備ができます。

①スタンディングスタート，②体育座り，③長座，④仰向けと段階的にスタートの姿勢を変えてスタートダッシュをする。

脚を腰幅に開き，全力で垂直とびをして，中腰の姿勢で止まる。その中腰の姿勢から片脚を後ろに引いて，スタート姿勢をとる。

②友達とスタート姿勢をチェックする

　一人一人に合ったスタート姿勢をチェックします。まず，全力で垂直とびをした後，中腰の姿勢で止まります。何度か繰り返すと，人によって腰の高さが異なることがわかります。衝撃を吸収することのできる腰の高さが，その子にとって一番力を発揮しやすい高さです。その腰の高さを経験できるようにします。

　次に，先ほどの腰の高さから片脚を後ろに引いて，つま先立ちをして構えます。このとき，後脚の膝の角度は120度ぐらいがよいでしょう。前脚の膝の角度は90度ぐらいです。４年生以上ならば，算数で角度を学習していますから，友達と互いに見合うとよいでしょう。前脚と反対の手で，前脚の膝を触ってから構えると，冒頭のような子が少なくなります。

（森田　哲史）

陸上

リレー：スピードにのったバトンパスができるようになる指導スキル

POINT
❶「追いかけ鬼ごっこ」で全力ダッシュの感覚をつくる
❷四つの動きを覚えさせる

①「追いかけ鬼ごっこ」で全力ダッシュの感覚をつくる

　リレーのバトンパスのときに，「後ろを向いてバトンを受け取る子」「ダッシュせずゆっくり走り始めてしまう子」はいませんか。これではスピードにのったパスはできません。このような子たちは，バトンを受け取ってから，ダッシュを始めます。これは，バトンを確実にもらおうとする気持ちが強いあまり，全力でダッシュができないことが原因です。そんなときは，鬼ごっこの要素を取り入れた「追いかけ鬼ごっこ」をして，鬼から逃げるように全力でダッシュするという感覚を身に付けるようにします。

　テイクオーバーゾーン（20m）を含む直走路40～50mほどで行います。渡し手はテイクオーバーゾーンまでの20～30mを全力でダッシュし，ダッシュマークに来たら「ゴー！」と声をかけます。受け手は，渡し手のダッシュマーク通過を目で見て，「ゴー！」の合図を耳で聞いて，全力で逃げ出します。テイクオーバーゾーン前半10mの間でタッチされたら，ダッシュマークを1足長分渡し手側にずらします。タッチされなかったら，受け手側にずらします。タッチできそうでできないダッシュマークの位置が，バトンパスをする際の二人の最適な距離です。バトンを持った練習に移っても，この距離と全力ダッシュの感覚を継続できるようにしましょう。

つま先を進行方向に向け、前脚に体重をのせて構える。
後ろを向き、ダッシュマークと鬼を見る。

鬼がダッシュマークに来たら、後ろを向かず真っ直ぐに走って逃げる。

受け手は、ペンギンのような形の手にして、斜め後ろに出す。

バトンを渡すときには、受け手の親指と人差し指の間にバトンを立てて差し込むようにする。

②四つの動きを覚えさせる

　バトンを渡したり受け取ったりしようと、手を出したまま走ってスピードが落ちてしまうことはありませんか。そんなときは、「追いかけ鬼ごっこ」で手を出したままのほうが速く走れるかどうかを比較します。また、走りながらではなく止まってバトンパスの四つの動きを覚えましょう。①渡し手が「ハイ！」と声をかける、②受け手が手を出す、③渡し手がバトンを差し込む、④受け手は、バトンを奪うようにして取る。③④のときに、互いが握る時間を一瞬つくらないと、バトンを落としてしまいます。渡し手は、引き抜かれるまで力を抜かず、受け手は奪い取るように引き抜くと、「シュポッ」という音がします。この四つの動きができているかをチームで見合うとよいでしょう。

（森田　哲史）

陸上

ハードル：コースが見付からず高くとぶ子への指導スキル

POINT
❶ 1台目の恐怖心を和らげる
❷「トン・1・2・3」のリズムをつかませる

① 1台目の恐怖心を和らげる

　いきなりハードル走をすると，「踏み切り足が合わずにハードル前で減速してしまう子」「ハードルの直前で踏み切ってしまい，高くとんでしまう子」はいませんか。これは，ハードルへの恐怖心や自分に合ったインターバルで走る感覚が身に付いていないことが原因です。そんなときは，ハードルへの恐怖心を和らげ，まずは1台目をスムーズに走り越えることができるようにします。

　スタートからスピードを上げ，1台目のハードルを自分の決めた足で踏み切ることができないと，その後のハードル（40mハードル走では4台程度）をリズムよく走り越えることはできません。安心して1台目を走り越えることができるように，1台目だけ低いミニハードルや当たっても痛くないハードルにするとよいでしょう。ハードルへの恐怖心を和らげることで，スピードを上げて1台目に入ることができます。

　スタートから1台目までの距離を10mとすると，7～9歩ぐらいで踏み切ることになります。自分の踏み切り足から逆算して，何歩で1台目まで走るのかを決めることも大切です。ペアで歩数や踏み切り足を見合うことで，課題を見付けることもできます。

スタートから1台目の歩数を決め「1・2・3・4・5・6・7・8・トン・1・2・3〜」のリズムで，友達と互いにチェックする。

当たるとバーが左右に開く市販のハードル（右上），ミニハードル（中上），水道管カバーで自作したふわふわハードル（左上）。
踏み切り位置を示す輪（右下），紅白玉（中下），フラットバー（左下）。
ハードルの高さは，約40cm。
踏み切り位置は，1.2〜1.5m。

②「トン・1・2・3」のリズムをつかませる

　ハードルの直前で踏み切ってしまうと，高くとんでしまいます。そこで，ハードルの手前1.2〜1.5m（5から7足長程度）に輪や紅白玉などの目印を置いて，踏み切る位置をわかるようにします。少し遠くから踏み切ることで，斜め上にとび出す感覚をつかみ，振り上げ足も自然と伸びるようになってきます。踏み切り位置は，走力によって調整しましょう。あまり遠すぎると恐怖心をあおってしまいます。

　インターバルが異なる四つのコース（5.5m，6m，6.5m，7m間隔。場合によっては5mも）を準備します。3歩のリズムで最後まで走り切れるコースを探す学習をしましょう。「トン・1・2・3」と教師や友達が声に出してあげることで，リズムがつかめるようになります。自分に合ったコースが見付かったら，人数の多いコースを増やしましょう。

(森田　哲史)

陸上

走り幅とび：片足踏切，両足着地が上手くできない子への指導スキル

POINT
1. ケン・グーをチェックする
2. 1歩，トンから1・2・3，トンを目指す

① ケン・グーをチェックする

いきなり川とびや走り幅とびをすると，「両足で踏み切ってしまう」「片足で踏み切れても両足をそろえて着地できず，パタパタと足がずれてしまう」など「エーッ」と思うことがありませんか。

これは，片足踏切，両足着地の感覚が身に付いていないことが原因です。そんなときは慌てずに「ケン・グー」を行わせましょう。最初は教師がモデルになって動きを示し，移動せずにその場でゆっくりした動きでできるかチェックしてみましょう。大丈夫な場合は，ゆっくり前に進みながら「ケン・グー」を声に出して行わせます。これで OK ならば，さらにリズムを早めて行わせます。

じゃんけんグリコを準備運動に入れ，そこで確認しておくことも有効です。

② 1歩，トンから1・2・3，トンを目指す

片足踏切ができないもう一つの原因は，助走のスピードに対応できず，片足で踏み切れないことがあげられます。

ですから，いきなり全力走に近い状態で踏み切らせることは愚の骨頂です。最初は，「小さく一歩踏み込んでジャンプして着地」を経験させます。「遠く

「ケン・グー，ケン・グー，ケン・グー・グー」のリズムで，片足踏切・両足着地をチェックする。最初はゆっくり，だんだん速くさせる。

「1，2の3，トン」のリズムで。
慣れたら，5m，7mと助走距離を伸ばしても踏切，着地ができるか挑戦させる。
幅の広い踏切位置で「大丈夫，踏み切れる」の安心感をもたせる。

にとぶ」ではなく，踏み切ったすぐ近くへの着地でOKです。大丈夫なら，「小さく踏み込んで少し遠くに着地」に取り組ませます。

　これも問題なければ，「3歩助走で踏み切ってとび，両足着地」を行わせます。この際，「1，2の3，トン」と教師や仲間が声に出してあげたり，自分で声に出して言わせたりすることで，動きのリズムがつかめるようになります。踏切位置には40cm幅のゴムベースを置いたり，ラインを引いたりし，このあたりで踏み切ればよいという安心感をもたせます。慣れてきたら，スピードが出ない5m程度の助走から取り組ませ，片足踏切，両足着地の感覚をつかませます。

(木下　光正)

陸上

高とび：ゴムから遠い片足踏切が身に付く指導スキル

> **POINT**
> ❶踏切位置を確認できる視覚支援を行う
> ❷助走は，少しずつ距離を伸ばし，スピードをつける

①踏切位置を確認できる視覚支援を行う

走り高とびをすると，「バー（練習はゴムを使用するとよい）に近付きすぎて，踏切のタイミングが合わずに当たってしまう子」「踏切位置が遠すぎてとべない子」がよく出てきます。こういったことが起こる原因としては，踏み切り足を着く位置がしっかり定まらず，それによってリズムが上手く整わないことが考えられます。そんなときは，自分がどこに踏み切り足を持ってくるのかをはっきりとさせる必要があります。そこで，ゴムベースやケンステップなど，踏切位置に目印となる物を置きます。幅の狭いラインより踏切位置がよく見えてわかりやすく，安心して踏み切れます。

②助走は，少しずつ距離を伸ばし，スピードをつける

ゴムから遠い踏切を行うためには，一定の助走距離とスピードが必要になりますが，はじめからスピードをつけると，踏切位置やリズムがばらばらになってしまいます。

そこで，まずは助走距離と踏切位置とを合わせていきます。最初はゆっくりとしたリズムで，3歩や5歩から始めていきます。慣れてきたら，7歩や9歩と徐々に距離を伸ばしていきます。スピードがつくと，はじめ行ってい

ケンステップで視覚的に示すことで，安心して踏み切ることができる。

自分のスタート位置に帽子を置くことで，助走距離と踏切位置の確認ができる。ラインを目安として，徐々に助走距離を伸ばす。

た3歩での踏切位置では，ゴム（バー）に当たってしまうことに気付きます。そこで，教師がどうしたら当たらずにとべるかを問うことで，子どもは「助走距離を伸ばしたときは，どのように踏み切ればよいか」を思考し，「踏切位置をゴムから少し遠くすればとべる」「片手を伸ばしたぐらいだ」と判断・表現するようになります。

また，リズミカルな助走を実現させるには，友達との関わりも重要です。お互いの練習を見合うことはもちろんですが，「口伴奏」を用いてリズムをつかんでいくことも有効です。5歩であれば「いーち，にー，1，2，3！」と周りの友達が言うことで，リズムをつかみやすく，仲間意識も高まっていくでしょう。

（金山　貴志）

水泳

浮き方・顔つけ：浮くのを怖がる子への指導スキル

POINT
❶「浮く」感覚をつかませる
❷たくさんの浮く「遊び」を通して，「楽しさ」を味わわせる

①「浮く」感覚をつかませる

　「浮く」感覚は，日常の陸上の生活では味わえない独特の感覚です。浮く感覚や楽しさを味わえると，一気に水泳運動が好きになっていくきっかけになります。また，中学年の「け伸び」や高学年の「クロール」「平泳ぎ」の指導を考えたときに，低学年でしっかりと「浮く」感覚を身に付けさせておくことは必須であると言えるでしょう。それほど，水泳指導にとって「浮く」感覚をつかませることは重要なことです。しかし，浮くことに恐怖心を抱いてしまう子が多いのも現実です。浮く感覚がつかみきれずに沈んでしまい，結果として怖がる場合もよく見られます。浮力の中心と重力の中心のずれが浮く感覚の難しさにつながっているのです。

　「浮く」感覚をつかませるためには，浮力の中心と重力の中心のずれを浮く経験を通して，感覚的に微調整していく必要があります。一輪車に乗れるようになるときの「バランス」感覚と似ていますね。とりわけ，低学年の子にとって理詰めでの説明は困難です。遊びを通して感覚を自然に養っていくことがポイントです。

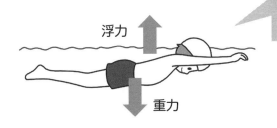

このように,浮力の中心(肺の辺り)と重力の中心(おへその辺り)がずれているため,時間が経つにつれ,下半身から沈んでいく。

楽しい浮く遊び例

  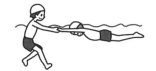

くらげ浮き　　　　　だるま浮き　　　　　引きふね

②たくさんの浮く「遊び」を通して,「楽しさ」を味わわせる

　遊びを通して感覚を養うためには,「楽しさ」が重要です。浮くことが「習得をしなければならない課題」となってしまうのではなく,図のような「くらげ浮き」「だるま浮き」「引きふね」など浮く遊びを提示して,楽しくて夢中になって遊んでいたら結果として浮くことができていた,そんな指導スタイルがとりわけ低学年では合っているでしょう。

　「大きく息を吸ってもぐってごらん」などの声かけも浮く感覚の獲得につながります。

　極端に怖がる子には,指導者が体を支えてあげたり,ちょっとした伸びも認め,ほめたりすることが次の意欲へとつながっていくことも見逃せないことです。

(塩見　英樹)

水泳

クロール：バタ足が進まない子への指導スキル

POINT
❶「なぜ，バタ足をするのか？」を理解する
❷太もものつけ根から動かす
❸けり下ろした足を真っ直ぐのまま持ち上げる
❹足の甲でける

①「なぜ，バタ足をするのか？」を理解する

まず押さえておきたいポイントは，「なぜ，バタ足をするのか？」についてです。クロールでバタ足を行う根拠は，①推進力を得るため，②足が沈まない（足を持ち上げる）ため，の2点です。

このことをまずは指導者が理解することが大切です。

②太もものつけ根から動かす

バタ足が進まない子の多くは，膝が曲がった状態でけっています。この状態でけると，水の上をけってしまうため，推進力が十分得られません。具体的に絵や写真で動かすポイントを示すとよいでしょう。

③けり下ろした足を真っ直ぐのまま持ち上げる

バタ足と聞くと，私たち大人も「ける（打つ）」のイメージが強いかもしれません。しかし，バタ足は推進力を得ると同時に，下半身を持ち上げるために行う動作であるので，足を「打つ」のではなく，足を「上げる」イメー

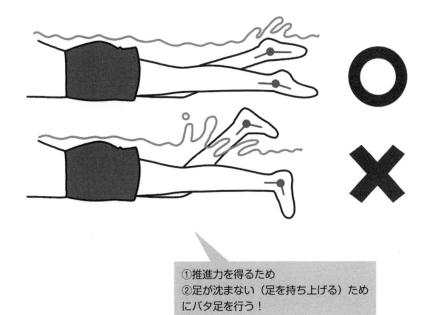

①推進力を得るため
②足が沈まない(足を持ち上げる)ために バタ足を行う!

ジをもたせてから取り組ませることが効果的です。

④足の甲でける

　先に述べた足を「打つ」のではなく，足を「上げる」ためには，足首を柔らかくすることがポイントとなります。足首に力が入ってしまい，バタ足のときに足首が固まって曲がってしまっている子には次のような言葉をかけるとイメージがしやすいでしょう。

　「ボールを投げるとき，棒のような腕だと上手く投げられないよね。手首を柔らかくするから投げやすいんだよ。だから，バタ足も足首を柔らかくすると前に進みやすくなるよ!」

(塩見　英樹)

水泳

クロール：息継ぎが上手くいかない子への指導スキル

> **POINT**
> ❶息継ぎはとにかく丁寧に指導する
> ❷体を進行方向に対して横に向ける動きに慣れさせる

①息継ぎはとにかく丁寧に指導する

　クロールの生命線の一つでもある息継ぎですが，その息継ぎでつまずく子が多いのも現実です。だからこそ，指導者の丁寧な指導（説明）が大切です。

②体を進行方向に対して横に向ける動きに慣れさせる

　低学年からのバブリングやボビングの指導の積み上げが重要であることは言うまでもありませんが，そのうえで，息継ぎの学習を丁寧に進めます。
　息継ぎの指導で押さえたいポイントは，顔を上げる動きをなくすことです。
　顔を上げるのではなく，体を横に向けることによって顔が自然と横に向く動きを少しずつゆっくりと体得させていくことがポイントです。そのためには，低学年までにあまり経験がなかった体を進行方向に対して横に向ける動きに慣れさせる必要があります。
　右呼吸（右手をかく）を想定した場合，指導の手順は以下の通りです。
①左手を進行方向に対してぐっと伸ばす。
　・左手が進行方向に対して体の中心線を超えないことがポイントです。体の中心線を超えると，抵抗の大きい泳ぎになってしまいます。
②右手をかき始めることで，体が自然にプールの右側面に向き始める。

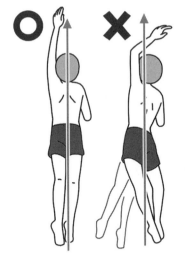

顔を上げるのではなく,体を横に向ける動きをゆっくりと体得させることがポイント。「おへそをプールの右側の面に向けてごらん」なども効果的な声かけとなる。

- 「おへそをプールの右側の面に向けてごらん」なども効果的な声かけです。

③伸ばした左腕を枕にして,左耳を預けるように顔を空中に出す。
- このとき,息継ぎが未だできない子どもには,「顔を空中に出す」だけでOKにします。
- 息を吐く動き(結果として息を吸う動き)は顔を空中に出す動きに慣れてきてから少しずつ取り入れます(最初は1回だけで,慣れてきてから回数を増やします)。
- 左手を伸ばし,右手をかきながら顔を空中に出す動きを25mの長いサイドではなく,プールの短いサイド(12m程度)で繰り返し挑戦させるようにすると達成感が得られやすく,子どもが意欲をもって取り組んでいけるでしょう。

(塩見 英樹)

水泳

平泳ぎ：カエル足が上手くできない子への指導スキル

POINT
❶ビート板を使って一連の動きを体感させる
❷カエル足の「キック」に焦点を当てて指導する

①ビート板を使って一連の動きを体感させる

　右図の動きを①〜③のように一連の動きとして体感させます。
①「いち」…両膝を引き寄せながら足の裏を上向きにしてかかとをおしりの方へ引き寄せる。
②「にっ」…かかとを引き寄せたときに，親指を反らすような感じで足裏を外に向ける。
③「さぁーん」…足裏で水を左右に力強く押すようにける。

②カエル足の「キック」に焦点を当てて指導する

■イメージをもたせる

　足を曲げたとき（平泳ぎの動作：①，②）に闇雲にけるだけでは，上手く前には進みません。もたせたいイメージは，スタートのときに壁をけるイメージです。「仮想の水の壁をイメージしてけってごらん」とアドバイスをすることで，闇雲にける感覚から力強く足裏で水を押す感覚をつかませることができます。

■キックの後の伸びの姿勢（平泳ぎの動作：③）

　キックの後に伸びを入れたときと入れないときとでは明らかに伸びを入れ

平泳ぎの動作

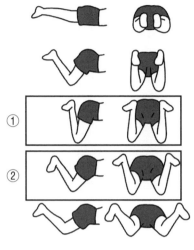

練習場所の工夫

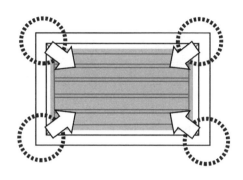

たときの方が推進力が得られます。キックの際には左右の足の裏や脚の内側で水をはさみ出すとともに，キックの後に伸びの姿勢を保つことがポイントとなってきます。

　指導の際には，キックのメカニズムを明らかにしたうえで，プールの短いサイド（12m程度）間で，できるだけ少ないキックの回数に挑戦させるなどしてキックの後の伸びの姿勢を身に付けさせるとよいでしょう。

■練習場所の工夫

　カエル足でスタートをする際にプールの四隅を利用すると効果的です（「練習場所の工夫」の図参照）。

　理由は，膝を内側にしないと足の裏を左右のプールの壁につけることができず，自然と正しいフォームを意識することができるようになるからです。

（塩見　英樹）

ボールゲーム

ボールの投げ方：遠くに投げられない子への指導スキル

POINT
❶夢中で投げてしまう環境をデザインする
❷気付きと動きを高める声かけをする

①夢中で投げてしまう環境をデザインする

　子どもたちにボールゲームを指導する際に，味方に上手く投げることができない場面を目にします。そのことで，ボールゲームを存分に楽しむことができない子たちがいます。自分の思い通りに投げることができると，どんなにボールゲームが楽しくなることでしょう。しかし，「上手く投げられないから練習をするよ」と，教師が促しても，投げ方を理解していなければ，やらされているという意識になり，練習への意欲が湧きません。
　そこで，今回は，あえてボールゲームの領域を指導する前に，子どもたちがついつい夢中になって投げたくなる環境を教師がデザインすることで，「どうやったら上手く投げることができるのだろうか」と，気付きを促しながら運動に取り組ませることができる教材を紹介します。
　体育館に右頁の写真のようにギャラリーから傘を広げたまま吊します。紐は，8の字とびなどで使用するなわやホームセンターなどで安価に購入できる8mm程度の太さの金剛打ちロープを用います。場は，チーム数分だけあると最適です。そして，つり下げられた傘に向かって，バドミントンのシャトルや紅白玉などを投げ込ませます。まさしく，玉入れの発想を応用した形です。子どもたちはついつい投げてみたくなります。

傘は,どれだけ入ったかがわかる透明なビニル傘がベスト。体育館に引いてあるラインを目印にして,足を踏み越えさせて投げさせるなど有効に使うとよい。いつでもできるように,常時セットしておくとよい。

上手く投げられない子には,「持つ手と反対の足を出しながら投げてごらん」と声かけする。上手に投げている子には,「もっと離れたところから投げることができるかな」と声かけする。このように,子どもたちの実態や技能差に応じて,適切な声かけを行うとよい。

②気付きと動きを高める声かけをする

　ただ投げさせるだけでは,気付きや動きは高まりません。そこで,片手でしか投げられない距離にしたり,遠くへ投げることができるように傘の高さを調整したりします。ここで,子どもたちに「もっと遠くまで投げるためには,どっちの足を出したらよい」と,問いかけます。子どもたちは,やっているうちに,ボールを持つ手と反対の足を出したらよいことに気付きます。

　次に,「もっと遠くまで投げるためには？」と問いかけると,「足を一歩踏み出す」と答えます。そうすると,大きく一歩踏み出して投げたり,ステップをして投げたり,ボールを持つ手と反対の手を出しながら投げたりする子が出てきます。上手に体を使って投げている子をみんなの前でモデルとして見せると,クラス全員で動きが共有できます。

(橋本　浩司)

ボールゲーム

ボールキャッチ：上手く捕れない子への指導スキル

POINT
❶いろいろなボールで壁当てキャッチゲームをする
❷バランスボールで中当てドッジボールをする

①いろいろなボールで壁当てキャッチゲームをする

　ボールを上手くキャッチできない子は，どこにボールが落ちるかを予測できないため，判断が遅くなり上手く捕れません。そこで，ボールの落下点に動く動きとボールキャッチを合わせた運動に取り組ませます。

　チーム（4～5人程度）で1列に並び，前の子が壁に向かって投げたボールをキャッチするというゲームを設定します。ボールは，投げやすく捕りやすいボールがおすすめです（右頁の写真参照）。はじめは，ワンバウンド以内ならOKなど，条件をやさしくして取り組ませます。また，チームで10回捕れたら合格などとすると，チームの仲間同士で声をかけ合いながら楽しく運動に取り組ませることができます。

　慣れてきたら，一定時間（2分程度）で何回ボールをキャッチすることができるかをチームで競わせると意欲的に取り組みます。上手くできているチームをみんなの前でやって見せて，気付きを促しながら取り組ませていくとよいでしょう。上手くボールキャッチができない子への声かけとしては，小さいボールなら「指先を天井に向けて捕ってごらん」「ボールは手のひらで包み込むように捕ってごらん」などと声かけしながら取り組ませていきます。

使用したボールは、モルテンハンドボール1号H1X1200，ミカサソフトバレーボール100ｇ。当たっても痛くないようにボールの柔らかさ，空気圧を実態に応じて変えるとよい。

コートサイズは，縦4～5ｍ，横3～4ｍ程度にする。その方がバランスボールを使っても投げる子が比較的相手に当てやすくなる。
はじめは，転がしたりワンバウンドも認めたりすると，苦手な子もボールをキャッチしようと安心して取り組むことができる。

②バランスボールで中当てドッジボールをする

　4～5人程度でバランスボール(75cm)を取り入れた中当てドッジに取り組ませます。技能差を考慮し，チーム編成をしたり，コートサイズを工夫したりします。外野は両側に1人ずつ置き，それ以外の子は内野になります。コート内を逃げまわるだけでは，ボールキャッチの技能向上にはつながりません。
　そこで，バランスボールを使います。バランスボールは，飛んでくるスピードも緩やかで，当たっても痛くないため，子どもたちはがんばってボールに向かい，キャッチしようとします。ボールを弾いてしまったり，キャッチできなかったりした場合は，内野と外野を交代します。「飛んでくるボールに対して正面で捕ってごらん」「ボールを包み込むように膝を曲げて捕ってごらん」など，声かけをしながら取り組ませます。

(橋本　浩司)

ボールゲーム

ゴール型：ボールを持たないときに動けない子への指導スキル

POINT
❶味方のパスをもらうために動きたいと思わせる
❷可変型ゴールを用いる

①味方のパスをもらうために動きたいと思わせる

　「コート上に立ち尽くしてしまう」「何をやったらよいかわからなく，味方と同じところへ動いてしまう」，こうした子どもの姿を見かけませんか。そして，そうした子どもの姿を見た先生が，「もっとこっちに動いてごらん」「今は，あそこに動くんだよ」と声をかけたり，手取り，足取り動きを身に付けさせようと必死になって指導をしたりしている姿も見かけませんか。

　しかし，そのような声かけや指導は，子ども自身がそこへ動く必要感を感じたり，納得したりしていないと，無意味なものとなってしまいます。また，そうした意識がないと，いつまで経っても動きは高まりません。

　そこで，こうした動きを子ども自身が意図的に行おうとする，ゴールの工夫を紹介します。ゴールは，右頁の写真のように，ネットを3面に張った三角柱のゴールを使います。ゴールは，旗立て台と竹竿，ホームセンターなどで安価に購入できるネットで代用することもできます。360度どこからでもシュートをすることができるため，子どもたちにゴールに向かって「シュートしてみたい」と思わせることができます。それにより，「パスを受ける動きを身に付けたい」という必要感をもたせながら，教材（ゲーム）とセットにして，技術指導を行い，ボールを持たないときの動きを高めていきます。

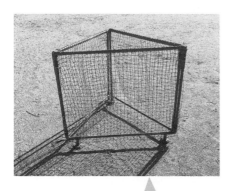

ゴールの形状は安全面を考慮して，縦1m，横1.2mとする。
上からネットを張り，下はあえて結ばない。そうすることで，ネットをボールが通過したら得点とするゲームを行うことができ，得点をしたかどうかも一目瞭然となる。

【ゲームの基本のルール】
ボールがネットの中に入ったら得点とする。
上から入れたら，得点とはならない。
攻めは，パスのみでボールをつなぐ。
守りは，円から出て守ってはいけない。
時間で攻めと守りを交代して行わせる。
時間内で何点得点できたかを競う。

②可変型ゴールを用いる

　このゲームは，3面に張られたゴールネットに向かって，攻めと守りに分かれて得点を取る，防ぐというやさしいゲームです。はじめは，攻めを2〜3人，守りを1人にしてゲームに取り組ませます。ゴールのまわりに3m程度の円を描き，守りはその中で守らせるとよいでしょう。それにより，パスを出す，受けるといった判断をやさしくしてあげます。攻めは，パスのみで行わせます。守りは，当然得点を取られたくないので，ボールを持っている子とゴールの間に入って守ろうとします。この場面が，声かけや指導の出番です。教師は，ボールを持たない子へ「どこのゴールが空いているかな」「どこへ動くとパスがもらえるかな」と，声かけしていきます。ゴールの残り2面のどの位置へ動くとパスがもらえるのかに気付かせていきます。慣れてきたら，守りを2人に増やして，ゲームを難しくしていくとよいでしょう。

(橋本　浩司)

ボールゲーム

58 ゴール型：シュートを打てるのに打たない子への指導スキル

POINT
❶ ゴールに向かう意識を芽生えさせる
❷ 可変型ゴールで４対４（３対３）のシュートゲームを行う

①ゴールに向かう意識を芽生えさせる

　ゴール型において，せっかく味方からパスをもらってシュートができる状況なのに，シュートすることをためらってしまう，そのような子をゲームで見かけませんか。ゴール型において大切にしたいことは，「子どもたちにゴールをねらう」というゴールに向かう意識をもたせることです。そして，ゴールに向かう意識を芽生えさせるには，ゲームのなかで「シュートが打ちたい」と思わせることが一番です。いくら，教師が「シュートをねらえるから打ってごらん」「今，シュートだよ」と声かけしても，その子自身がシュートをしたいという気持ちがなければ意味がないからです。

　そこで，子どもが「シュートをたくさんしてみたい，やってみたい」と誘い込むために，ゴールの形状を工夫します。右頁の写真のように，ネットを３面に張り，ハの字型のゴールを使います。既存のゴールのような形ではなく，３面にすることで，シュートを正面や斜めからすることができ，子どもたちにゴール機会を多く保障することができます。

　また，ゲームを数多く経験することにより，シュートをしようと，コートの空いているところ見付けて，右か左かと動く姿が見られます。これは，ボールを持たないときの動きを高めることにもつながっていきます。

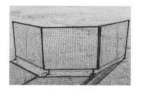

ゴールの一面の規格は，縦1m，横1.2m。ゴールは，旗立て台と竹竿，ホームセンターなどで安価に購入できるネットで代用可能。
ネットは上部を結び，下部はあえて結ばない。ボールがネットを通過したら得点とする。それにより，得点をしたかどうか一目瞭然となる。

【シュートゲーム基本のルール】
ボールがゴールネットを通過したら1点。
ドリブルしたボールを一度持った後には，ドリブルできない。
得点されたら，自陣のコートからすぐに始める。
サイドラインから出たら，相手ボールとなる。
エンドラインから出たら，自分のボールとなる。

②可変型ゴールで4対4（3対3）のシュートゲームを行う

　では，実際にどのようなゲームを仕組んでいくとよいかを紹介します。縦のコートサイズを一般的なコートより短い14mとします。その意図は，ボールを持ったら，まずはシュートをねらって得点するといったゴールに向かう意識を芽生えさせるためです。人数も3〜4人程度で行わせます。はじめは，得点しようと遠くからシュートを試みますが，守備者やキーパーがいるため，なかなか得点できません。得点を取るには，ゴール付近からシュートをした方がよいという気付きが生まれます。そこで，「ゴール近くのどこから打つとよいか」と発問したり，ハーフコートで，2対1，3対1などのゲームを取り入れたりすると，得点を取るためのシュート位置が理解でき，シュートを打とうとする意識が高まります。

(橋本　浩司)

ボールゲーム

ゴール型：上手くけれない子への指導スキル

POINT
❶ボールの空気圧を抜いてぺこぺこにする
❷フォーゴールぺこぺこサッカーゲームを行う

①ボールの空気圧を抜いてぺこぺこにする

　足でのボール操作は，子どもにとっても大人にとってもそうですが，非日常の動きです。そのため，弾んだボールを上手くけれない，操作できない子にとっては，ボールけりゲームやサッカーなどのゲームは，楽しむことができません。そこで，ボールの空気圧を抜いてあげ，あえてボールをぺこぺこにします。その方が，何も考えず，思い切って遠くにボールを飛ばそうとする子が減り，どのようにボールを操作したらよいか気付かせながら，取り組ませることができます。その場でのボールタッチなどの後に，チーム（4～5人程度）で，一定距離（10m程度）を一定時間（2分程度）で戻ってこれるかなど工夫したドリブルゲームに取り組ませます。はじめは，距離を短くして取り組ませ，慣れてきたら徐々に距離を長くして行わせます。また，チーム対抗のドリブル競争を行ってもよいでしょう。さらに，ドリブルの途中に邪魔をする鬼ゾーンを設けるなどすると，よりボール操作の技能を高めながら楽しく取り組ませることができます。ここで，足のどこを使うと，上手くけれたり，鬼をかわしたりすることができるか考えさせながら取り組ませます。上手くけれない子には，「足の甲や内側を使ってドリブルしてごらん」と，声かけしながら取り組ませていきます。

サッカーを行う際の準備運動として，毎時，授業のはじめに取り組ませるとよい。
慣れてきたら，足の使い方，目線などに気付かせながら取り組ませるとよい。
ボールは，特殊スポンジ素材でできた，当たっても痛くないミカサのスマイルサッカー軽量3〜4号がよい。

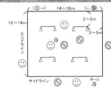

【フォーゴールぺこぺこサッカーゲームの基本のルール】
ボールが左右のどちらかのポストバーの下を通過したら得点とする。
得点した人は，自陣のエンドラインまで戻る。
得点されたら，すぐにその場から始める。

②フォーゴールぺこぺこサッカーゲームを行う

　先ほどのボールを用いた2対2のフォーゴールぺこぺこサッカーゲームをします。2対2の意図は，チームでボールに必然的に関わらせる状況をつくるためです。また，ボールの空気圧を抜いているため，一人では，相手ゴールまでボールを持ち込むことが難しくなります。そして，ドッカーンとボールをけってしまうだけのゲームにならないよう，ゴールの向きと数を変え，双方向からシュートできるようコートを設定します（上図参照）。その結果，ボールを足の近くでコントロールし，味方にパスを出さざるを得ないゲームになります。コート内では，2対2で取り組ませますが，残りのメンバーには，ボールがラインから出てしまったときにラインマン（お助け）としてゲームに参加させます。このゲームを通して，足でのボール操作の経験を存分に行わせます。

（橋本　浩司）

ボールゲーム

ネット型：ボールの落下点に上手く動けない子への指導スキル

POINT
❶「コロコロくん」から「キャッチ＆スロー」をする
❷「落とさないくん」に挑戦する

①「コロコロくん」から「キャッチ＆スロー」をする

　ネットをはさんだ相手から送られてくるボールを返球するには，まず，ボールの落下点に自分の体を動かす必要があります。そして，ボールを自分の体の正面でとらえる感覚を養うことが大切です。その動きができないと，相手コートへボールを安定して返球することができません。

　では，その感覚を養える二つのゲームを紹介します。まずは，「コロコロくん」です。ネットをはさまずに，２人でゴロのラリーをします。相手から送られてきたボールを両手でキャッチします。必ず体の正面でボールをキャッチするようにしましょう。そして，相手へ転がして返球します。慣れてきたら，ボールを相手から離れたところへ転がし，変化を加えましょう。

　次に「キャッチ＆スロー」です。ネットをはさんで２人でキャッチボールをします。一方は，下からボールを投げ，もう一方はワンバウンドで捕球します。慣れてきたらミニコートに２人ずつ入り，ゲーム形式で対戦してみましょう。ゲームの仕方は，２対２で対戦し，ペアは交互で返球するようにします。攻める側は空いている空間を考えて投げ入れます。守る側は，落下点を予測し，素早く動き，正面でボールをとらえることが大切です。

　バレーボール型だけではなく，テニス型ゲームにもつながる動きです。

【コロコロくん】
正面でキャッチ→両手で転がす。

【落とさないくん】

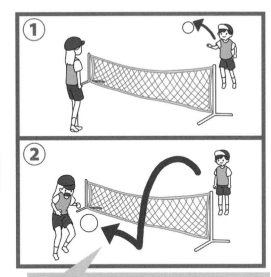

【キャッチ＆スロー】
・下手でボールを放り（①），ワンバウンドでキャッチする（②）。
・慣れてきたら２対２のゲーム形式で行い，「素早く，落下点に動く」ことを意識させる。

②「落とさないくん」に挑戦する

　「キャッチ＆スロー」では，落下点に素早く移動し，正面でボールをとらえる感覚をいかし，距離や方向を定めて返球することをめあてにしました。この感覚や技能を活用し，今度は２人でボールを落とさずに何回続くか挑戦してみます。ノーバウンドでの返球になることから，はじめは「難しい」と感じる子もいますが，慣れてくると，落下点への予測が素早くなり，返球がスムーズになります。また，「投げる」から「弾く」になることへの指導ポイントとして，はじめは「手のひら」で返すことを許容しつつ，正面でボールをとらえ，安定した返球につながる「アンダーハンド」（手首の位置）で返すことのよさをみんなで考えていくとよいでしょう。慣れてきたら，３人や４人で挑戦することで，連携プレーにつながっていきます。　　　（今井　茂樹）

ボールゲーム

ネット型：アタックが上手く打てない子への指導スキル

> **POINT**
> ❶ひじを伸ばして，高いところで打つ
> ❷アタック！に挑戦する

①ひじを伸ばして，高いところで打つ

　「アタック」はバレーボール型ゲームの最終触球場面で用いるスキルです。セットアップされたボールを勢いよく相手コートに打ち込むことができるようになる指導スキルを紹介します。

　まずは，「ボール投げ」です。テニスボールなど，硬めのボールをしっかりジャンプして，高いところからボールを投げ出す練習をします。指導ポイントとして，①腕振りによって体を引き上げるようにジャンプできているか，②ジャンプが前に流れていないか，③ひじを伸ばして高いところでボールを離しているかの3点に着目します。

　次に，「ボールをヒットする感じ」をつかむために，1人で床に向かって片手でボールを連続ヒットします。ボールへの接触時間を短くし，スナップをきかせて打つのがポイントです。

　最後に，「ひじを伸ばして10回連続でボールを打とう」をめあてにして，連続壁打ちに挑戦します。指導ポイントは，①利き手と反対側の手でしっかりとねらいを定めてから打つ，②打つ瞬間にスナップをきかせてひじを伸ばすの二つです。2人で交互に打ち合う等，発展させてもよいでしょう。

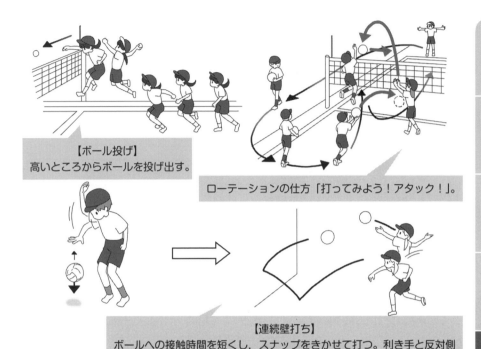

【ボール投げ】
高いところからボールを投げ出す。

ローテーションの仕方「打ってみよう！アタック！」。

【連続壁打ち】
ボールへの接触時間を短くし，スナップをきかせて打つ。利き手と反対側の手でしっかりとねらいを定めてから，ひじを伸ばして打つ。

②アタック！に挑戦する

　ジャンプのタイミングをとるためにとび上がってキャッチする動きを取り入れ，「ジャンプして，ボールをネットの向こうに勢いよく打ち出そう」をめあてに，アタックの練習をします。アタッカー，セッター，ボール拾いに分かれ，残りの人はアタッカーの後ろに並びます。アタッカーはセッターにボールを渡します。セッターはそのボールをふんわり山なりに投げ上げます。アタッカーはそのボールをジャンプした最高打点でひじを伸ばして打ちます。この練習をチームでローテーションしながら行います。「ひじの高さや利き手と反対側でねらいをつける」ことを意識させます。慣れてきたら，「もっと強く打つためにはどうしたらよいか」を考えさせるなかで，助走の必要感をもたせ，助走距離やタイミング等も話し合いましょう。

（今井　茂樹）

ボールゲーム

ベースボール型：バットで上手く打てない子への指導スキル

POINT
1. バッドを水平にして打つ
2. 左足を一歩踏み込み，腰を回転させて打つ

①バッドを水平にして打つ

　ベースボール型ゲームの初期段階で，相手が投げたボールを打つことは，とても難しいことです。そこで，止まっているボールを打つことができる「バッティングティー」の使用をおすすめします。

　初めてベースボール型ゲームをする子どもの多くは，バットの握り方がわかりません。右打者の場合，「右手が下，左手が上」で握る子どもを見かけます。最初から，「左手が下，右手が上で握るんだよ」と教えてしまうのではなく，第1時の振り返りの時間に，二つの握り方を示し，どちらが打ちやすいのか，遠くへ飛ばすことができるのかを話し合い，「左手が下，右手が上」の必要感を自分たちで感じさせることが大切です。

　止まっているボールでも「上手くボールに当てることができない」「難しい」と感じる子どもたちもいます。そのような子どもたちには，準備運動として，腕を横に振るイメージづくりのため，両手を合わせて，顔は動かさず，腕だけを左右に動かす素振りを行います。その後，バットを持ち，①ボールとバットのマーク（芯）を合わせる，②バットを横に引いて水平に振ることを意識させます。少しでもボールに当たれば，「ナイスバッティング」と大きな声でほめて自信をつけてあげましょう。

ポイント1（バットを水平にする）

合わせて

水平に引いて

当てる

ポイント2（左足を一歩踏み込み，腰を回転させる）

合わせて

バットを耳の後ろに引いて

左足を一歩踏み込み

腰を回転させて打つ。

かかとが上がる。

②左足を一歩踏み込み，腰を回転させて打つ

　バットを水平にして打つことができるようになったら，よりボールを遠くへ飛ばすためにどうしたらよいのかを考えさせます。「腕を横に引いて水平に振る姿」と「耳の横で構え，左足を一歩踏み込み，腰を回転させて振る姿」を比較して，気付きを促します。

　準備運動として，両手を合わせ，ひじを肩付近まで上げて横に引き，腰を回転させて，腕を水平に振る動きを取り入れることも効果的です。振った後に，「右足のかかとが上」を向いているかの動作を確認しましょう。打つ動作では，①ボールとバットのマークを合わせる，②バットを耳の後ろまで引く，③左足を一歩踏み込み腰を回転させて打つ，④かかとを上げることを意識させます。「空振り OK」のあたたかい雰囲気をつくりましょう。（今井　茂樹）

63 ベースボール型：どこに投げてよいかわからない子への指導スキル

ボールゲーム

> **POINT**
> ❶「バックホームゲーム」から始める
> ❷「タッチプレーゲーム」へと発展させる

①「バックホームゲーム」から始める

　バックホームゲームの主なルールは，守備側は，素早く本塁に投げ返し，本塁を踏んで「アウト」と声をかけます。攻撃側は「アウト」と声をかけられるまで，ひたすら走り得点を取ります（1塁・1点，2塁・2点，3塁・3点，ホーム・4点）。守備側はホームでアウトとなるため，どこに投げ返したらよいのか，判断がやさしくなります。作戦の時間では，守備側の判断（どこを守るのか）が学習のポイントとなります。

　ゲーム中や振り返りの時間に子どもたちのよい動きや状況判断を広めていきましょう。例えば，「内野と外野に分かれるチームの作戦」「外野の子は内野の子に投げ，内野の子はホームの子へ返す中継の動き」「捕ることが上手い子はホーム，遠くまで投げることができる子は外野，コントロールがよい子は内野など，チームの仲間のよさを考慮した守備配置」などを紹介し，アウトにするためにどのような状況判断をしたらよいのか理解を深めていきます。

②「タッチプレーゲーム」へと発展させる

　タッチプレーゲームの主なルールは，守備側は走者の動きを見て判断し，

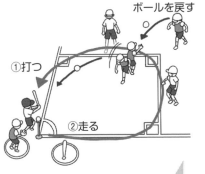

【攻撃のルール】
打者一巡交代。捕手がボールを捕り，本塁を踏んだ時点で到着していた塁が得点となる。
【守備のルール】
外野は捕ったら内野に投げ，内野は捕ったら捕手へ投げ，捕手は捕ったら本塁を踏む。

【攻撃のルール】
内野の動きを見て，どこまで進むことができるかを判断する。ベース上以外でタッチされたら，アウト0点となる（止まった塁が得点数）。
【守備のルール】
外野は捕ったら内野に投げ，内野は走者の動きを見て先回りをし，ボールでタッチする。

先の塁に投げたり走って走者をタッチしたりします。攻撃側は，タッチされないようにベースで止まったり戻ったりして得点を取ります。

　攻撃側には，打ったら走り，飛んだボールの位置や外野の返球，内野の動きを見て，どこまで進むことができるかを判断させます。守備側には，バックホームゲームをいかし，守備配置や打者の走る様子を見て，どこへ投げたらよいか状況判断させます。「外野は捕ったら内野に投げ，内野は走者の動きを見て先回りをし，ボールでタッチする」ことを学習のポイントとし，よい動きや状況判断を積極的に賞賛し，全体に広めていきましょう。

　安全管理のため，走者には優しくタッチすることを指導し，危険行為は「－1点」などのルールにしてもよいでしょう。また，「バット点」を設け，フラフープなどのバット点ゾーンにバットを置けたら「＋1点」とすると得点が取りやすく，安全面でも効果的です。

（今井　茂樹）

表現

表現：恥ずかしさ軽減スキル

POINT
❶先生のリード→ペア→グループの順で行う
❷とにかくほめて，動きが広がる言葉かけをする

①先生のリード→ペア→グループの順で行う

　表現運動が苦手な子どもの理由として，「人に見られることが恥ずかしい」「どのように動いてよいかわからない」などがあげられます。

　「スポーツ名場面」という題材は，スポーツのイメージをとらえ，動きに変化をつけて，即興表現をすることがねらいです。まずは，図①のように，教師がリードしながら大げさに動き，子どもたちにひと流れの動きをイメージさせます。その際，約20秒ごとにバレーボール，ボクシングなどの様々なスポーツを取り上げ，意欲が持続するよう，テンポよく進めていきましょう。次に，子ども同士のペアで行います。このとき，教師は，図②のように大切なポイントを意識した言葉かけをして，メリハリのある動き方を学ばせます。最後は，図③のようにグループ（ペア×3組＝6人）で行います。3組の動きをつなぎ合わせると，ひと流れの動きがまとまった動きになります。このように，ペアやグループ活動を取り入れ，1人で活動する場面を少なくすることで，恥ずかしさが軽減され，子どもたちは安心して動くことができます。

②とにかくほめて，動きが広がる言葉かけをする

　教師は常に，「うまいね」「かっこいい」「その動き，おもしろい。先生も

教師のリードで動く。「最初は野球！ 先生とキャッチボールをするよ。思いっきり投げて。」

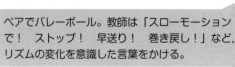

ペアでバレーボール。教師は「スローモーションで！ ストップ！ 早送り！ 巻き戻し！」など，リズムの変化を意識した言葉をかける。

グループ発表「シンクロナイズドスイミング」
6人で，はじめーなかーおわりの動きをつくる。

思いつかなかったわ」など，一人一人の動きをほめてあげましょう。

また，動きを広げるためには，リズムの変化や空間，体の使い方を意識した言葉かけが重要です。「スローモーションで動く」「ストップする」などのリズムの変化，「人のいないところへ動く」「2人組でくっついたり，離れたりする」などの空間の使い方，「体をひねる」「視線を天井に向ける」などの体の使い方を教えることで，メリハリのある表現になります。

なお，動けない子どもに対しては，「足が止まっているよ。その場でジャンプして！」「3回繰り返して動こう」など，簡単な動きをつなぐように声をかけましょう。

参考文献：奈良県立教育研究所　教育番組「心と体をほぐすウォーミングアップ」

（水谷　雅美）

表現

65 リズムダンス：不器用な子への指導スキル

POINT
❶おへそでリズムを取り全身で弾んで踊る
❷手遊びや歌遊びからリズムを体得する

①おへそでリズムを取り全身で弾んで踊る

　アイドルやダンサーの振り付けを覚えて，友達と一緒に楽しそうに踊っている子どもを見かけます。完璧にコピーできたときは嬉しいものですが，定型の動きを模倣して踊ることだけが，ダンスの目標ではありません。大切なことは，一人一人が体でリズムを感じながら，自由に表現することです。

　まず，授業の導入として，ロックやサンバなど自然と体が動いてくる乗りのよい（リズムに乗りやすい）曲を準備し，簡単な動きを繰り返しながら，全身で弾んで踊ることから始めましょう。具体的には，膝や腕を使ってリズムをとる，おへそを中心に上下左右に体をゆらす，頭を振る，足拍子・手拍子を加える，ケンケンでまわる，スキップをする，ステップを踏むなどの「ゆれる」「はずむ」「走る」「まわる」動きを組み合わせます。はじめは，教師の動きを真似ながら（図左上），軽快なリズムに乗って，元気よく踊るなかで，リズムの特徴をつかませていきましょう。

　また，慣れてきたら，4〜5人のグループをつくり，リーダーの動きを真似て（図右上）踊るようにします。グループのなかで順番を決め，教師が「1番の人」と言ったら，1番がリーダーになります。「2番の人」と言ったら，2番がリーダーとなり，8カウントや16カウントごとに交代します。ジ

ャンルの違う曲に合わせて楽しくリズム感覚を身に付けていくとよいでしょう。

②手遊びや歌遊びからリズムを体得する

　図の下は，「十五夜のもちつき」をしている場面です。2人組で手遊びをしながら，ダウンやアップのリズムをつかませます。これは，ヒップホップの動きの習得につながります。はじめは，大きな声で歌いながらゆっくりと行い，慣れてきたら，オーバーアクションをしたりテンポを速くしたりするなど，リズムの変化を楽しみましょう。

参考文献：奈良県立教育研究所　教育番組「心と体をほぐすウォーミングアップ」

（水谷　雅美）

体力テスト

ベスト記録が出る準備スキル

> **POINT**
> ❶事前の準備を徹底する
> ❷子どもがベストを出せる環境をつくる

①事前の準備を徹底する

　たくさんの種目がある体力テスト。だらだらとしていると何時間もかかってしまいます。多くの時間を無駄にするだけではありません。気が抜けてしまいケガが起こったり，集中力を欠きベストの記録が出なかったりすることにもなりかねません。多くの人数がスムーズに測定をするためには，事前の準備が重要！　準備の際は，次の3点を意識しましょう。

■ポイント①動線

　子どもたちの動線，つまり子どもたちがどのように移動していくのかを考えます。それだけではなく，順番を待つ際どこに並ぶのか，記録はどこで記入するのかまで想定しておくことが大切です。

■ポイント②ペア

　一人で行い，自分で記録していたのでは効率が悪くなります。ペアで互いに記録し合います。低学年と高学年が組むのも効果的です。

■ポイント③増やす

　場の数を増やす。道具を増やす。教師を増やす。各校の現状に合わせて，増やせるものは増やしましょう。その際，増えた分（人）も含めて，より効率的に動ける動線を組み直すことも忘れてはいけません。

体力テスト　体育館配置図

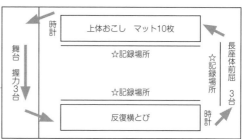

【動線例】
どの順番でまわるのか，どこで記録をするのか。教師のみならず，子どもたちとも事前に共有しておく。

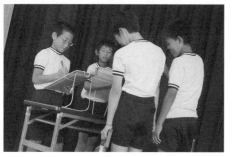

【ペアで記録】異学年活動として取り組むのもよい。

②子どもがベストを出せる環境をつくる

　本番の日になっていくら急ぐようにと声をかけても，効率化にはつながりません。子どもたち自身の「今日こそよい記録を出したい！」という気持ちが一番の効率化につながります。事前にどうすればよい記録が出せるのか練習したり，コツを交流したりしてみましょう。この時間が本番への意欲を高め，だらだらした雰囲気を解消してくれます。

　忙しさに追われ，ついつい無理なスケジュールを組んでしまうこともあるでしょう。効率化ばかりを意識して，流れ作業のようになってしまっては何のためのテストかわかりません。短時間で行いながらも，子どもたちがベストを尽くせる環境と事前の準備を万全にできるといいですね。

（垣内　幸太）

体力テスト

子どもにやる気と体力を つけるスキル

POINT
❶三つの「決める」でやる気をアップさせる
❷継続的に長い目で計画する

①三つの「決める」でやる気をアップさせる

　「さあ，がんばるぞ！」子どもたちには，やる気満々で体力テストに臨んでもらいたいものです。三つの「決める！」でやる気を引き出しましょう。
■決める！①Xデー
　いきなり「今日，体力テストやるぞー」では，子どもたちのやる気が出ないのも当然です。いつ実施するのか決めて，子どもたちに知らせておきましょう。教室の見えるところに掲示するのもいいですね。カウントダウン形式にすると，なお盛り上がります。
■決める！②目標
　目標を決めましょう。目標をもつことで，達成するための努力が生まれます。それは意欲につながります。昨年の結果や全国の平均など，目標を定めるために資料も用意します。
■決める！③正しい方法
　体力テストはもちろん子どもたちの日頃の成果が発揮されるべきものです。しかし，その正しい方法を知らずに測定していたのでは，本当の実力も発揮できません。正しいフォームやちょっとしたコツを考えることで記録の伸びが期待できます。その伸びはやる気へとつながります。

【Xデー】
カウントダウンで気持ちを高める。目につくところに掲示する。

【目標】
ちょっとがんばれば届きそうな目標を設定する。

【正しいフォーム】
ただ教え込むのではなく、仲間とともに探っていく。

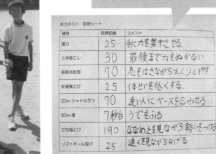

②継続的に長い目で計画する

　体力を伸ばす一番の方法はなんでしょう。それは、子どもたち自身が「体力を伸ばしたい」と願うことです。

　子どもたちによい記録を残してあげたいと思うのはどの教師も思うことです。だからといって教師がいくらやる気を出してみても、その効果はたかが知れています。子どもたち自身が、主体的に自分の体のことを考えて、記録に挑むことに勝るものはありません。そう考えると、教師の一番の仕事は、子どもたち自身の「やる気」を引き出すことと言えます。

　日頃より自分の体力に目を向ける活動を行うことが子どもたち自身の願いへとつながります。体力テストも春に一度行ったら終わりではなく、継続的に行うことで意識も高まることでしょう。

（垣内　幸太）

運動会

クラス団結スキル

POINT
❶オリジナルシンボルで心を一つにする
❷運動会を学級経営に位置付ける

①オリジナルシンボルで心を一つにする

　一つのことに向かって，子どもたちが一致団結して向かう姿。教師としては嬉しい姿ですね。運動会は，そんな姿が多く期待できる行事です。学級シンボルを掲げることで，その姿を後押ししましょう！

■シンボル①スローガン

　この運動会のテーマともなるスローガンを決めます。例えば「絆」「バトンに想いをこめて」「One for all All for one」など，リレーや集団演技の練習の柱になるようなものになるといいですね。

■シンボル②学級旗

　学級や色のチームで，運動会への思いをこめた旗を作ります。練習の際や当日の応援に使用します。スローガンやイメージキャラクターなどを描き，意識を高めます。運動会後も，１年間学級のシンボルとなるようなものになるといいですね。

■シンボル③スケジュール表

　運動会までの練習日程を掲示します。そのなかには，大きな目標のみならず，小さな目標設定も書き込んでいきます（例：○○の技を完成させようなど）。毎日，印を付けるなどして活用します。

【学級旗】
教室に掲示して盛り上げる！

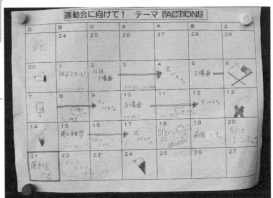

【スケジュール表】
本番までの予定や目標を示す。毎日を振り返りながら進んでいけるとよい。

②運動会を学級経営に位置付ける

　運動会。数ある学校行事のなかでも大きな行事です。運動会に向けて，1か月近く取り組みを行う学校も多いのではないでしょうか。もちろん，運動会本番でいい演技をすること，力を発揮することが最大の目標です。しかし，それだけではもったいない！　学級の力をアップさせ，学級経営を潤滑に進めるためにも大いに活用しましょう。

　運動会が実施される時期はいろいろですが，学年の終わりの姿というゴールを見据えることを忘れてはいけません。春ならば「まずはみんなの気持ちが一つになるような成功体験をさせる」，秋ならば「これまでの人間関係を把握しながらリーダーを育てる」などと実態に応じた取り組みになるといいですね。

（垣内　幸太）

運動会

応援盛り上げスキル

POINT
❶応援グッズで盛り上げる
❷応援の意味を考えさせる

①応援グッズで盛り上げる

　運動会の一つの大きな要素に応援があります。応援合戦などが設定されている学校も多いことでしょう。自分の出番のときのみではなく，同じ学年の仲間や他学年ががんばっているときにも，しっかり応援できる子どもたちにしたいものです。ちょっとしたグッズを準備することで，その応援を盛り上げましょう。

■グッズ①うちわ
　うちわに応援メッセージを書き込みます。学級のスローガンなどを入れてもいいですね。また，色をそろえることで，一体感も増します。暑い時期の運動会には，もちろんうちわとしても活躍します。

■グッズ②メガホン
　応援グッズの定番。100円ショップなどでも購入可能です。色画用紙などで作成するのもいいですね。

■グッズ③ミニバット
　二つセットで使用します。ぶつけることで音を出します。みんなの音を一つにすることで心も一つになります。サランラップの芯やペットボトルなどで作成できます。

うちわ

メガホン

ミニバット

手作りでも応援グッズはたくさん作ることができる。図工の時間なども活用して，作ってみよう！

②応援の意味を考えさせる

　勝ち負けの発生する運動会では，ついつい自分以外のチームの失敗を喜んだり，相手をけなすような応援になってしまったりすることがあります。応援とは，自分以外の人を元気付けたり，勇気付けたりすることです。自分たちのチームの勝利に向けての応援を否定する必要はありません。ただ応援の意味を知り，応援にふさわしい言葉や行動はどういうものか考える機会にもしたいものです。

　運動会当日になって，残念な応援を聞いてがっかりすることのないように，事前に教室などで「気持ちのいい応援」とはどういうものなのか話し合う機会をもつのもよいでしょう。きっとそれは運動会のときのみではなく，普段の学級経営にも通じるはずです。

（垣内　幸太）

運動会

種目盛り上げスキル

> **POINT**
> ❶オリジナル種目を考える
> ❷戦略，作戦を練るところから楽しませる

①オリジナル種目を考える

　運動会の種目。１年生では玉入れ，50m走などと定番の種目が決まっている学校も多いのではないでしょうか。この定番に盛り上げるひと工夫を加えてみましょう。次の三つの視点でひと工夫です！

■視点①より楽しく
　玉入れの合間に楽しいダンスを入れる，教師が背負った玉入れのカゴが移動していく，徒競走の際に選手紹介を入れるなど，子どもたちもやっていて楽しい！観客も見ていて楽しい！そんな要素を付けたしてみましょう。

■視点②よりスリル感を
　一番盛り上がるのは，逆転現象が起こることです。そのために，体力のみでは勝敗が決しない不確定要素を取り入れます。例えば，くじ引きでリレーの順番や距離が変わる，途中でじゃんけんなどがあって勝たないと進めないなど最後までハラハラドキドキする展開を演出しましょう。

■視点③より思考を働かせて
　体力だけでなく，知力を働かせる要素を取り入れてみましょう。例えば，リレーで数人だけ短い（長い）距離を走る，障害物競争や大玉転がしでコースが複数ある，その選択に観客からも歓声があがることでしょう。

【移動玉入れ】
先生や高学年が背合って逃げまわる。

【くじ引き】
リレー本番で走る直前に，順番を決定する。

【相談タイム】
勝利するための最善の方法を考える。日頃の練習から相談する時間を設定して，思考する時間も大事にする。

②戦略，作戦を練るところから楽しませる

　体育では，普段の教室での学習以上に能力の差がはっきりと表れます。「できる・できない」「勝ち・負け」が目に見える形ではっきりと表れます。それが運動会ともなると，クラスの仲間のみならず，家族親戚まで訪れます。そんな状況のなか，ただ「がんばれ！」だけでは，子どもたちのやる気アップにつながるはずもありません。これまでの定番の種目にひと工夫を加え，どの子もやる気の出る活動にしましょう。

　ついつい練習となると，入退場などのスムーズに競技が進むことに終始しがちです。しかし，学級としての戦略や作戦を考える時間を設けることで，一人の活動がみんなの活動に広がります。盛り上がりもきっと増すこと間違いなしです！

(垣内　幸太)

運動会

保護者を喜ばせるスキル

POINT
❶結果ではなく過程を伝える
❷アフターフォローで今後につなぐ

①結果ではなく過程を伝える

　普段の学習の成果、子どもたちの姿を保護者の皆さんに見ていただくのも、運動会の大きな役割の一つです。この機会を大いに活用しましょう。また、本番の姿に期待をもたせるお知らせをしたいものです。次のような方法はいかがでしょう。

■方法①学級通信などで過程を伝える
　学級（学年）通信で練習予定などをお知らせすることはよくされていることでしょう。あわせて練習における苦労や成長を伝えます。写真や子どもたちへのインタビューなどを掲載して、その雰囲気を伝えられるといいですね。

■方法②出番を知らせる
　プログラムの順番、どのコースで走るのか、どのあたりで演技するのか…お便りなどでお知らせされている方も多いことでしょう。それにプラスして見どころを伝える文を添えることで期待を高めましょう。

■方法③宣伝
　招待状にとどまらない『宣伝』を子どもたち自身にさせます。見どころを書いたチラシやプロモーションビデオをつくります。内容を全てお知らせするのではなく、「あとは当日のお楽しみ！」と期待感を高めるものにします。

【学級通信】
がんばりを中心にその過程を伝える。

【チラシ】
来てもらいたい思いを伝える！

【プロモーションビデオ】
存分にアピールする。ネット配信できるとなおよい！

②アフターフォローで今後につなぐ

　運動会が終わったら「はい，おしまい」ではあまりにもったいないでしょう。この大きな行事を今後の学級経営に，是非ともいかしたいものです。アフターフォローです。子どもたちのがんばりを評価するとともに，この期間で得た力を他の場でも発揮する機会をつくりましょう。

　保護者の方に対しても同様です。この機会をさらにプラスにすべくアフターフォローを忘れずに行いましょう。連絡帳などのお手紙をいただいたなら，しっかり返事を書きましょう。懇談や通知表などで，その成長を伝えるのもいいですね。もし当日転んでしまったり，思うような結果が出なかったりした子どもの保護者にはこれまでのがんばりや，当日の悔しがりよう，仲間の関わりもお伝えします。それは保護者の信頼につながります。　　　（垣内　幸太）

【執筆者一覧】

木下　光正	天理大学教授
萩原　雄麿	埼玉県坂戸市立桜小学校
石坂晋之介	埼玉県上尾市立今泉小学校
土屋　洋輔	北海道富良野市立扇山小学校
結城　光紀	埼玉県伊奈町立小針北小学校
松本　大光	福島県川俣町立川俣小学校
佐藤　哲也	東京都荒川区立第五峡田小学校
小林　治雄	新潟県新潟市立山田小学校
西川　直哉	愛知県名古屋市立笹島小学校
橋本　泰介	奈良県上牧町立上牧第三小学校
髙橋　明裕	埼玉県さいたま市立原山小学校
清水　由	筑波大学附属小学校
近藤　拓自	新潟県新潟市立東山の下小学校
森田　哲史	埼玉大学教育学部附属小学校
金山　貴志	兵庫県猪名川町立白金小学校
塩見　英樹	京都市教育委員会
橋本　浩司	愛知教育大学附属名古屋小学校
今井　茂樹	東京学芸大学附属小金井小学校
水谷　雅美	奈良県立教育研究所
垣内　幸太	大阪府箕面市立萱野小学校

【編著者紹介】

木下　光正（きのした　みつまさ）
1955年　東京に生まれる
1977年　立教大学社会学部卒業
埼玉県志木市立志木第二小学校，志木市立宗岡第二小学校，志木市立志木第四小学校を経て，1994年より筑波大学附属小学校教諭。現在，天理大学体育学部体育学科教授。

〔本文イラスト〕みやびなぎさ

小学校体育　指導スキル大全

2019年4月初版第1刷刊	©編著者	木　下　光　正
2019年11月初版第2刷刊	発行者	藤　原　光　政
	発行所	明治図書出版株式会社

http://www.meijitosho.co.jp
（企画）佐藤智恵　（校正）川村千晶
〒114-0023　東京都北区滝野川7-46-1
振替00160-5-151318　電話03(5907)6703
ご注文窓口　電話03(5907)6668

組版所　中　央　美　版

＊検印省略

本書の無断コピーは，著作権・出版権にふれます。ご注意ください。

Printed in Japan　　ISBN978-4-18-393228-0
もれなくクーポンがもらえる！読者アンケートはこちらから →

便利過ぎて手放せない！
小学校授業のすべてをカバー

小学校 指導スキル大全 シリーズ

全10巻

授業力アップのための必須スキルを多数収録。
指導に困ったときも、
ステップアップしたいときも、
今欲しい情報がすべて詰まった1冊です！

シリーズ同時刊行

1つのスキルを見開きで
コンパクトに紹介！
知りたい情報を
サッとチェックできます！

★ ラインナップ ★

教科	図書番号	編著者
国　　語	(3926)	中村和弘・清水 良 編著
社　　会	(3929)	澤井陽介・小倉勝登 編著
算　　数	(3927)	『授業力＆学級経営力』編集部 編
理　　科	(3928)	鳴川哲也 編著
音　　楽	(3934)	酒井美恵子・阪井 恵 編著
図　　工	(3933)	岡田京子 編著
体　　育	(3932)	木下光正 編著
道　　徳	(3930)	永田繁雄 編著
英　　語	(3931)	坂井邦晃 編著
特別支援教育	(3936)	中尾繁樹 編著

※（　）内は図書番号
A5判　160〜176ページ
2,000〜2,200円（+税）

 明治図書　携帯・スマートフォンからは　**明治図書ONLINE へ**　書籍の検索、注文ができます。▶▶▶
http://www.meijitosho.co.jp　＊併記4桁の図書番号（英数字）でHP、携帯での検索・注文が簡単に行えます。
〒114-0023　東京都北区滝野川7-46-1　ご注文窓口　TEL 03-5907-6668　FAX 050-3156-2790

＊価格は全て本体価格表示です。